VERPACKUNGSDESIGN
DES 20. JAHRHUNDERTS

NEUE SAMMLERBIBLIOTHEK
KLINKHARDT & BIERMANN

Dorothea Eichenauer

VERPACKUNGSDESIGN
DES 20. JAHRHUNDERTS

Hülle in Fülle

KLINKHARDT & BIERMANN

© 1994 Klinkhardt & Biermann
Verlagsbuchhandlung GmbH, München
Alle Rechte, auch diejenigen der Übersetzung,
der fotomechanischen Wiedergabe und des
auszugsweisen Abdrucks, vorbehalten.
Graphische Gestaltung und Satz: Atelier Langenfass,
Andrea Langenfass-Com, Ismaning
Lithographie: EBS, Verona
Gesamtherstellung: EBS, Verona
Titelbild: Verpackung der Haarkosmetikserie
„Design" von Windi Winderlich, 1988, für Wella AG.
Die Deutsche Bibliothek – CIP-Einheitsaufnahme
Eichenauer, Dorothea: Verpackungsdesign des
20. Jahrhunderts: Hülle in Fülle / Dorothea
Eichenauer. – München: Klinkhardt & Biermann, 1994
(Neue Sammlerbibliothek)
ISBN 3-7814-0377-7

INHALT

- VORWORT ... 7
- DIE URAHNEN DER VERPACKUNG ... 9
- MEILENSTEINE AUF DEM WEG ZUR VERPACKUNG ... 14
- NEUE MÖGLICHKEITEN IN BLECH ... 19
- KÜNSTLERISCHE IMPULSE: JUGENDSTIL UND DEUTSCHER WERKBUND ... 22
  - Henry van de Velde ... 22
  - Heinrich Mittag ... 24
  - Peter Behrens ... 25
  - Julius Gipkens ... 28
- NEUE GESTALTUNGSPRINZIPIEN IN DER TABAKINDUSTRIE ... 29
  - Zeitbezogene Gestaltungen von Fritz Hellmut Ehmcke ... 29
  - Das Aufkommen der Corporate Identity ... 30
  - Die einheitsstiftende Firmenmarke ... 32
- ART DÉCO UND DIE „GOLDENEN ZWANZIGER" ... 34
- DAS NEULAND CHEMISCHE INDUSTRIE ... 42
- DAS WIRTSCHAFTSWUNDER ... 51
- „POINT OF SALE" UND DISPLAY ... 61
- GESTALTERISCHE EINHEIT UND FARBLICHE DIFFERENZIERUNG ... 67
- EINHEITSDESIGN DER DDR ... 69
- NAMHAFTE DESIGNER ... 73
  - Vignelli Associates Designers ... 73
  - Mendell & Oberer ... 75
- DAS BILD VOM INHALT – WEGE UND UMWEGE ... 78
- NEUES ÖKOLOGISCHES BEWUSSTSEIN ... 84
- VERPACKUNG ALS KUNST ... 91
- INTERVIEW MIT FLORIAN HUFNAGEL, Leiter der Neuen Sammlung, München ... 95
- HUNDERT FRAGEN BEI DER VERPACKUNGSENTSTEHUNG ... 99
- VERPACKUNGSWETTBEWERBE ... 104
- LITERATUR ... 105
- ADRESSEN ... 107
- BILDNACHWEIS ... 107
- REGISTER ... 108

Kaffee-Tüten für „il caffé"; Gianni Bortolotti, 1982

VORWORT

Bewußt ist sich dessen sicher kaum jemand, wie häufig man täglich mit Verpackungen zu tun hat. Wo das Auge hinblickt, gibt es Hülle in Fülle!

Man könnte ohne weiteres den Ablauf eines Tages mit Verpackungen beschreiben: Zahnpasta-Tube, Duschgel-Flasche, Milch-Tüte, Kaffee-Dose, Marmeladen-Glas, Zigaretten-Packung, Pizza-Karton, Wasser-Flasche, Kaugummi-Packung, Waschmittel-Karton, Nudel-Packung, Salz-Packung, Öl-Flasche, Wein-Flasche, Chips-Tüte und zum Schluß wieder Zahnpasta-Tube. So oder so ähnlich verläuft der Verpackungsalltag. Es ist einfach fast alles verpackt, und viele wissen gar nicht, was für kleine Schätze sie so ganz umsonst zu der eingekauften Ware hinzubekommen haben. Manche ahnen es und heben die eine oder andere Packung auf.

Vor etwa siebzig Jahren wurde Verpackung als Sammelgut entdeckt. Am Anfang gab es wenige Spezialisten aus dem Bereich von Kunst oder Kunsthandwerk, doch mittlerweile hat die Sammelleidenschaft weite Kreise gezogen. Obgleich ältere Exemplare heute schon auf Auktionen teuer gehandelt werden, sind Verpackungen im Vergleich mit anderen Sammelobjekten immer noch recht preiswert, daher wird vieles von vielen gesammelt: Altes ebenso wie Aktuelles. Flohmarkt und Supermarkt sind die Quellen des Sammlers, nahezu unerschöpfliche Quellen. Dieser Band möchte einen Überblick über die Verpackungen der letzten hundert Jahre verschaffen. Bei der Fülle des Materials mußten hier natürlich Einschränkungen und Ausgrenzungen vorgenommen werden. So sind Verpackungen, die eigene Spezialgebiete darstellen – wie Gebrauchsglas, Flacons, oder das umfassende japanische Verpackungsdesign – ausgeklammert oder nur gestreift worden. Anhand der gezeigten Beispiele wird die historische Entwicklung des Verpackungsdesigns aufgezeigt. Da man schon anhand der ältesten Verpackungen die wichtigsten Prinzipien, die zu ihrer Weiterentwicklung führten, ablesen kann, soll hier zunächst kurz ausgeholt werden.

Schon früh setzte der Prozeß ein, den Inhalt durch entsprechende Angaben auf der Verpackung – Karton, Blechdose oder Glas – kenntlich zu machen und diese bisweilen auch anregend auszuschmücken. Seit dem 19. Jahrhundert finden sich bereits moderne Gestaltungsprinzipien: infolge der aufkommenden Konkurrenz versuchten die Hersteller mit den Packungen für ihre Produkte zu werben. Es entsteht der „Markenartikel" und damit die werbende Verpackung. Einige wenige Firmen leisteten hier Pionierarbeit, die Entwicklung der Packungsgestaltung ist daher eng mit der jeweiligen Firmengeschichte verbunden. Vor allem die Bedingungen in Krisenzeiten, wie den beiden Weltkriegen und dem dazwischenliegenden Zeitraum, sind an den Packungen solcher Firmen abzulesen.

Nach dem Zweiten Weltkrieg ändern sich die Anforderungen an Verpackung grundlegend. Mit dem Wirtschaftswunder kam auch das Selbstbedienungssystem, das nun von der Packung abverlangte, sich als „stummer Verkäufer" verdient zu machen. Eine spezielle Ausbildung und zahllose Packungswettbewerbe bereiten seit dieser Zeit den Designer auf seine neuen Aufga-

VORWORT

ben vor. Waren Packungen bis dahin oftmals von künstlerischen Stilen geprägt, so sind sie seither weitgehend unberührt davon. Verkaufsstrategien stehen im Vordergrund und sie prägen die Packungsgestaltung. Vor allem das einheitliche Erscheinungsbild von Firmen, die sogenannte „Corporate Identity", die sich schon vor dem Zweiten Weltkrieg bei manchen Firmen abzeichnete, setzt sich nun mehr und mehr durch. Eine davon unabhängige Entwicklung machte die Verpackung der ehemaligen DDR durch, die entsprechend der Bedingungen eine eigene, von Grautönen bestimmte Ästhetik besitzt. Doch trotz seines sparsamen Charakters der meist faserigen Kartonagen hat dieses Design nichts mit den jüngsten Bemühungen um umweltfreundliche Verpackungen zu tun. Bei diesen geht es nicht um Notlösungen aufgrund von Mangel, sondern um einen vernünftigen und bewußt reduzierten Umgang mit möglichst recyclefähigen Materialien. Aber selbst wenn die Tendenz weg von der Packung zu gehen scheint: es wird sie immer geben müssen, also versucht man heute auch unter diesen Vorzeichen ein gutes Design zu schaffen.

DIE URAHNEN DER VERPACKUNG

Auch wenn die Geschichte der *Packung*, also der bewußt gekennzeichneten und später werbenden Warenhülle, noch recht jung ist, so nicht die Geschichte der allgemeinen *Verpackung*. Verpackt wurde schon immer. Selbstverständlich, denn schon vor Urzeiten mußten Waren oder Produkte vom Ort ihrer Herkunft – ob das nun eine Quelle, ein Feld, ein Hain mit Nutzbäumen war, oder sogar schon ein Hersteller – zum Ort des Verbrauchers gebracht und hier gelagert werden, wenn auch meist nur für sehr kurze Zeit.

Die Bandbreite der Behältnisse für Transport oder Aufbewahrung und deren Alter ist dabei erstaunlich. So hat der Korb eine nahezu 9000 Jahre alte Geschichte und gehört zu den ältesten produzierten Warenbehältern, neben denen, die in der Natur auftreten, wie Blätter, Schalen großer Nüsse, Tierhäute oder Tierdärme. Es ist anzunehmen, daß es auch die Tongefäße auf ein ähnlich ehrwürdiges Alter bringen, waren doch die ersten Töpferscheiben bereits vor ungefähr 7000 Jahren in Gebrauch. Gegenüber dem Korb hatten sie den entscheidenden Vorteil, daß sie, eingegraben in die Erde, eine gewisse Haltbarkeit von Nahrungsmitteln gewährleisten konnten.

Auch die Erfindung der Glasherstellung im 2. Jahrtausend vor Christus konnte dem Tongefäß nicht den Rang ablaufen. Das zerbrechlichere Glasgefäß war im Vergleich zu den Körben oder den Tonkrügen eben nur beschränkt für Transport und Aufbewahrung geeignet. Dafür aber hatte es in Form von Flaschen seit dem 17. Jahrhundert keine Konkurrenz mehr als Verpackung von Wein – und vor allem für den Gährungsvorgang von Champagner, für den einzig die Glasflasche sich eignete.

Im Lauf der Zeit traten neben diese alten Verpackungen auch Tücher, – mit denen man bestimmte Waren platzsparend zu Ballen packen konnte, – Säcke, Fässer oder Kisten, die alle bis weit in das 19. Jahrhundert hinein gebräuchlich waren und teilweise bis heute für Transport und Lagerung eingesetzt werden.

Vor allem das Faß war im positiven wie im negativen Sinn des Wortes eine „allround"-Verpackung. Seine Stabilität sicherte eine weitgehend schadensfreie Transportmöglichkeit, so daß man selbst Bücher noch im 19. Jahrhundert in Fässern verschiffte. Seine runde Form hatte den Vorteil, daß man sie auf kurzen Zubringerwegen rollen konnte, jedoch den entscheidenden Nachteil, daß viel Stauraum sowohl im Inneren als auch beim Stapeln ungenutzt blieb. So wurde das Faß auf breiter Linie von der Kiste verdrängt – sofern es sich nicht um den Transport oder die Lagerung flüssiger Güter wie Bier oder Wein handelte.

Bereits zu der Zeit, als die Verpackung noch nicht den Stellenwert einnahm wie heute, wird deutlich, welche Aspekte bei ihrer Weiterentwicklung entscheidend waren und nach wie vor sind: gute Transportmöglichkeit hinsichtlich des Platzes und der Stabilität sowie die Möglichkeit, verderbliche Waren so gut es geht aufbewahren zu können.

Ein weiterer Aspekt sollte bald schon eine große Rolle spielen: die Erkennbarkeit dessen, was da gut verpackt, transportiert oder gelagert wurde. Erst damit setzt das ein, was heute zu einem ganz wesentlichen Punkt

ERSTE ETIKETTEN

der Packungsgestaltung geworden ist: die Packung als Reklameträger für Inhalt und Herkunft.

■ DIE ERSTEN KENNZEICHNUNGEN DES PACKUNGSINHALTES

Sehr früh schon, lange vor der industriellen Herstellung von Packungen, findet man Beispiele solcher Kennzeichnungen des Inhaltes. Zunächst beschränkte man sich auf kürzeste handschriftliche oder gestempelte Aufschriften, die noch in keiner Weise ausgeschmückt waren. Bald aber setzte sich auch hier die Gestaltung durch, wohl nicht ausgelöst durch reinen Schmucktrieb, sondern durch die Erkenntnis des merkantilen Wertes, den der bisher ungenützte Platz auf einer Warenhülle in sich barg.

Die frühesten bekannten Beispiele hierfür, die bis ins 16. Jahrhundert zurückreichen, beschränken sich im wesentlichen auf vier Fabrikationszweige: die Papierherstellung, den Gold- und Silberhandel, die Siegellackfabrikation und den Tabakhandel. Darüber, warum gerade diese sehr unterschiedlichen Zweige sich schon früh dieser Vorform der „Reklame-Packung" bedienten, kann nur spekuliert werden. Es liegt wohl in erster Linie an der Besonderheit ihrer Ware, deren Abnehmer zu einem relativ kleinen, elitären Kreis gehörten, der für Schmuck empfänglich war. Hier konnte möglicherweise eine „schöne Verpackung" den Verkaufserfolg beeinflussen. Im Falle des Tabaks mag dies auch eine Rolle gespielt haben, obgleich sich der Konsumentenkreis schnell auf alle Schichten ausgebreitet hatte.

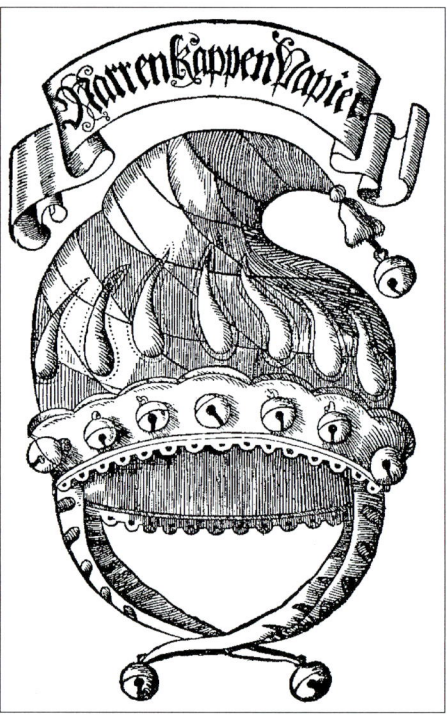

Etikett für „Narrenkappenpapier", 16.Jh.

Mehr noch als bei den anderen Produkten war hier sicher die Sorten- und Herkunftsvielfalt ausschlaggebend für die Entscheidung zur Etikettierung.

Unabhängig von diesen Überlegungen lag es für die Papierbranche ganz einfach wegen ihrer Kontakte zum Druckgewerbe nahe, ihre Sorten durch ein Etikett zu kennzeichnen, bevor sie diese in angemessenen Mengen an ihre Abnehmer – Kontore, Amtsstuben oder eben Druckereien – lieferten. Ein Beispiel hierfür ist ein Etikett für „Narrenkappen-Papier" aus dem 16. Jahrhundert. Nicht, daß dieses Papier speziell zur Herstellung von Narrenkappen geeignet gewesen wäre: es ist eine Sortenbe-

Absender:

Name

Straße

PLZ/Ort

Ich habe diese Karte folgendem Buch entnommen:

Antwort

Verlagsgruppe
Klinkhardt & Biermann
Landshuter Allee 38
D-80637 München

Bitte frankieren

Sehr geehrte Leserin, sehr geehrter Leser,

diese Karte lag einem Buch der Verlagsgruppe Klinkhardt & Biermann bei. Mit dem Kauf dieses Buches haben Sie Interesse an unserem Programm gezeigt. Gerne informieren wir Sie künftig regelmäßig und kostenlos über unsere Publikationen, wenn Sie uns die Karte mit Ihrer Anschrift zurückschicken.

Außerdem möchten wir Sie auf die bei uns erscheinenden Zeitschriften KUNST UND ANTIQUITÄTEN und **Charivari** aufmerksam machen.
Fordern Sie ein kostenloses Probeexemplar an.

☐ Informieren Sie mich bitte regelmäßig und kostenlos über Ihre Bücher

Ich interessiere mich für die Zeitschrift

☐ KUNST UND ANTIQUITÄTEN   ☐ **Charivari**
Bitte schicken Sie mir ein kostenloses Probeexemplar.

VERLAGSGRUPPE
KLINKHARDT & BIERMANN
MÜNCHEN · BERLIN

KEYSERSCHE
VERLAGSBUCHHANDLUNG

VERLAG
KOEHLER & AMELANG

BUCHVERLAG UNION

VERLAG
KUNST & ANTIQUITÄTEN

Postfach 19/1564 · D- 80605 München

Landshuter Allee 38 · D- 80637 München

Telefon (089) 1269/04-

Telefax (089) 1269/04-25

(Bitte Absender auf der Vorderseite nicht vergessen)

ERSTE ETIKETTEN

zeichnung, wie es auch den „Ochsenkopf" oder das „Posthorn" gab und das sich – vielleicht gerade wegen der geschickten Etikettierung – als Sortenname selbst in England durchgesetzt hatte, hier natürlich unter dem englischen Namen „Foolscap"-Papier. Es ist anzunehmen, daß solche Namen auch wegen ihrer einprägsamen bildhaften Darstellbarkeit gewählt wurden. Ein Aspekt, der später umgekehrt, nämlich ein augenfälliges Bild für einen Waren-, Sorten- oder Herstellernamen zu finden, von größter Wichtigkeit sein wird.

Hat die Darstellung der Narrenkappe bereits einen heraldischen Charakter, so wird sich schließlich bei anderen Papierherstellern der Wappenschmuck als Kennzeichen durchsetzen, der bis heute seine vorwiegende Gültigkeit bewahrt hat.

Entsprechend der Größe solchen Papiers haben diese Etiketten im Vergleich mit denen anderer Produkte auch ein größeres Format. So stellt die zu dieser Zeit für die Etiketten übliche Technik des Holzschnittes den namenlosen Gestalter vor nicht allzu große Probleme. Auf kleinerem Raum jedoch bietet der grobe Holzschnitt wenig elegante Möglichkeiten, weshalb er vom feineren Kupferstich verdrängt wurde. So ließen sich die Goldschläger die Etiketten für ihre kleineren Packungen – nicht etwa Etuis für Schmuck, sondern Verpackungen für die Rohware, wie z.B. Einschläge für Blattgold – in Kupfer stechen. Hierfür wird auch ihre Nähe zum metallverarbeitenden Handwerk eine Rolle gespielt haben.

Der Nürnberger Gold- und Silberhändler Paulus Sies wählte für seine Etiketten eine sehr herrschaftlich wirkende Kombination von Krone, Lilien und Tierwappen, auf dessen Rändern sein Name und seine Branche

links:
Etikett des Gold- und Silberhändlers Paulus Sies, Nürnberg.

rechts:
Etikett des Siegellackfabrikanten Michael Daynerich, 17. Jh.

ERSTE ETIKETTEN

angegeben ist. Auch der Siegellack-Fabrikant Michael Daynerich hatte bereits ein in Kupfer gestochenes Firmenetikett, auf dem er seine Privilegierung durch die „Königlich-Kaiserliche Majestät" mit dem kaiserlichen Symbol des Doppeladlers besonders betonte. Seine Geschäftsnachfolger Johann Nicolaus Kirtzingers sel. Erben verwendeten dieses Signum aus dem schon immer üblichen wirtschaftlichen Grund weiter, die Kontinuität – und damit stetig gleichbleibende Anerkennung – der Firma und die daraus notwendig resultierende Qualität ihrer Produkte zu vermitteln. In gewisser Weise stellen die beiden Etiketten eine Vorform der bald eingeführten Firmen-Marken dar, die ihre Existenz eben jenen Überlegungen verdanken und das Bild heutiger Packungen prägen. Doch dazu später.

■ VORBILDER DER ZIGARETTENPACKUNG: DIE TABAKVERPACKUNG

Wichtiger als für alle anderen Geschäftszweige war die Packung vor allem für den Tabakhandel – und scheint dies nach wie vor zu sein! Obgleich die Tabak-, Zigarren- oder Zigarettenpackung schon allein wegen des Umfangs an Material eine gesonderte Bearbeitung beanspruchen könn-

te, sollen im folgenden doch immer wieder Beispiele angeführt werden, da oft gerade hieran Tendenzen und Veränderungen ablesbar sind. Bei den frühen Tabak-Packungen taucht erstmals die bewußt knappe Sortenbezeichnung auf, die bis heute die Gestaltung von Zigarettenpackungen prägt. Durch augenfällige Unterscheidungsmerkmale sollten dem Konsumenten die Vorzüge der jeweiligen Sorten vermittelt und die Wiedererkennung ihrer „Marke" in der Flut der Herstellerangebote erleichtert werden. Die Qualität der Gestaltung – sofern man davon überhaupt sprechen darf – ist jedoch sehr schwankend.

Die frühen, einfachen Holzschnitt-Etiketten wurden im 18. Jahrhundert durch Kupferstich-Etiketten abgelöst. Diese Technik bot zwar eine bessere Bildqualität, setzte aber der wilden Dekorationsfreude keine Grenzen. Offenbar machte sich wirtschaftlich bemerkbar, daß überladene Bilder dem Sinn einer „Markierung" wiedersprechen, denn man besann sich bisweilen wieder auf die Reduziertheit (nicht aber die Technik!) des Holzschnittes, die eine stärkere Einprägsamkeit gewährleistete. Sie sollte lange Vorbildhaft bleiben.

Nichtdestoweniger brachte der Trieb nach erzählender und ausschmückender Bildhaftigkeit (nicht nur bei Tabak-Packungen)

Etikett für „Louisiana" Tabak mit dem Firmenwappen des Fabrikanten A.C. Brauer, Kiel 1813.

TABAKPACKUNGEN

noch lange wahre Bouquets an Stilblüten hervor. Gerade in der Epoche des Rokoko konnte man sich dieses Triebes nicht erwehren. So blieben die Etiketten im 18. Jahrhundert vorwiegend illustrativ, wobei man sich bei den Tabaketiketten in besonderem Maße auf die Abnehmerklientel konzentrierte: Seeleute und Soldaten wurden mit entsprechenden Bildern animiert, die vornehme Gesellschaft versuchte man mit herrschaftlichen Bildnissen entweder der Hersteller, oder aber wichtiger Persönlichkeiten anzusprechen. Illustrative Zigarettenpackungen werden bis weit ins 20. Jahrhundert hinein gebräuchlich sein. Die Abstimmung der Packungsgestaltung auf den Kreis der Abnehmer ist in ähnlicher Form noch heute gültig. Oft gibt es dabei aber gravierende Qualitätsunterschiede – zum ausgesprochenen Bedauern der Jurymitglieder von eigens zur Steigerung der Design-Qualität eingerichteten Packungswettbewerben, denn sie wünschen sich Qualität für alle Abnehmerbereiche.

Tabaketikett mit Seefahrer-Motiv, 18. Jh.

Tabaketikett mit dem Bildnis Napoleons I., um 1800

MEILENSTEINE

AUF DEM WEG ZUR MODERNEN PACKUNG

■ EINE FOLGENREICHE ERFINDUNG: DIE DAMPFMASCHINE

Die meisten Produkte dieser Art wurden noch im 18. Jahrhundert in Tüten oder Schnürpackungen abgepackt, auf denen die Etiketten angebracht wurden. Zwar gab es bereits Kartons, aber da sie mit mühevollem Aufwand in Manufakturen hergestellt wurden, dürften sie recht kostspielig gewesen sein. Dies änderte sich mit der Erfindung der Dampfmaschine, die nach wenigen Frühformen durch James Watt 1765 soweit entwickelt wurde, daß sie industriell einsetzbar war. Sie gehört zu den ersten Meilensteinen der industriellen Revolution und wirkte sich in mehrerlei Hinsicht auf die Geschichte der Verpackung aus, nicht nur bezüglich der neuen Möglichkeiten der Packungsherstellung.

Die Industrialisierung veränderte das urbane Gefüge. Die Arbeiter der neuen Fabriken zogen in die Stadt. Der Zuwachs an Menschen an einem Platz, die nun zeitlich wie räumlich nicht mehr Selbstversorger sein konnten, erforderte entsprechende Zulieferungen: ländliche oder auch andere Produkte mußten nun über weitere Strecken transportiert und vor Ort – in städtischen Läden – gelagert werden. Entsprechend neue und vielfältigere Verpackungen wurden nötig. Doch nicht nur das. Auch mußte es Möglichkeiten geben, die Haltbarkeit von Lebensmitteln zu verlängern. Entdeckungen auf diesem Gebiet stellten wiederum neue Anforderungen an die Verpackung. Das gleiche gilt für die Errungenschaften der sich schnell entwickelnden chemischen Industrie: auch hier gab es bald schon neue Produkte, die nach angemessenen Verpackungen verlangten.

Auch die Gesellschaft veränderte sich. Ein Bürgertum erstarkte, dessen Konsumbe-

Steinzeugtöpfe für Marmeladen von James Keiller & Sons Dundee, Ende 19.Jh.

KONSERVE

dürfnis der wenigen Reichen und Adeligen in nichts mehr nachstand – dem mußte Rechnung getragen werden: Die Luxuswaren der Konfisserie zum Beispiel fanden bald eine weit größere Abnehmerschaft als zuvor. Was bisher in kleinen Mengen direkt vom Hersteller über den Ladentisch gegangen war, wurde nun auf Vorrat produziert und mit entsprechend aufgemachter Verpackung dem potentiellen Kunden angeboten. Auch hier mußten in Bezug auf die Haltbarkeit, die Erhaltung des Aromas und der Konsistenz, neue Packungsmöglichkeiten gefunden werden – unabhängig von der Gestaltung, die ansprechend sein sollte.

■ AUFBRUCH IN DIE MODERNE: DIE KONSERVE

Die Entdeckungen auf den verschiedensten Gebieten – im Nahrungsmittelbereich, der chemischen und der Metallindustrie – überschlagen sich im 19. Jahrhundert.
Lange schon kannte man „zwiespältige" Konservierungsmethoden für das leicht verderbliche Obst. Zwiespältig, da bei diesen vom Obst selber, wie jedermann bekannt, herzlich wenig übrigblieb: der durch Pressen gewonnene Saft wurde von alters her gebrannt – das Ergebnis ist der zwar allseits beliebte, doch nicht wirklich den Hunger bekämpfende Schnaps.
So ist es nicht verwunderlich, daß neue Methoden auf diesem Gebiet von findigen Hausfrauen entwickelt wurden. Angeblich war es die Frau des Krämers James Keiller, die zum Ende des 18. Jahrhunderts die Marmelade erfand, indem sie Orangen mit Zucker verkochte und somit eine gewisse Haltbarkeit erzielte. Der im heutigen Sprachgebrauch fest verankerte Begriff „Marmelade" – wohl eine Abwandlung des griechischen Wortes für Orange, „melimelon" – bezog sich damals (wie heute noch im Englischen) nur auf Orangenmarmelade. Das Verfahren wurde aber rasch auch zur Konservierung anderer Obstsorten eingesetzt. Wie auch immer das Urheberrecht vergeben werden mag, diese Erfindung jedenfalls verhalf James Keiller zu einer beneidenswerten und selten glanzvollen Karriere: er gründete 1797 in Dun-

Marmeladenglas von James Keiller & Sons Dundee, ca. 1990

dee eine Marmeladenfabrik. Ob er geahnt hat, daß die „Dundee"-Marmeladen noch 1994 vornehmlich in Feinkostgeschäften in ganz Europa und selbst in Amerika zu finden sein würden? Dazu noch in nahezu der gleichen Aufmachung wie anno dazumal! Ursprünglich wurde die Marmelade in Steinzeugbehältern bewahrt, später dann in Gläsern. Das Ornament – ob als direkter Aufdruck oder in Form von Etiketten – orientierte sich eng an der frühen Gestaltung und wurde vielfach auch von anderen Fir-

KONSERVE

men variierend imitiert. Ja selbst die Steinzeug-Behältnisse sind wieder „in": als Anreiz für die nicht kleine Käuferschicht der Nostalgiker – und der Sammler!
Gleichermaßen wie das Marmeladenkochen ist uns allen das sommerliche Einwecken aus den Küchen unserer Mütter oder Großmütter bekannt. Aber auch dieses selbstverständlich erscheinende Konservieren geht auf eine noch nicht allzu alte Pionierleistung zurück. Die gelang, wie kann es anders sein, einem französischen Koch. François Appert entdeckte 1804 das verblüffend einfache Verfahren, Nahrungsmittel haltbar zu machen, indem er sie in einem fest verschlossenen Glas in kochendes Wasser stellte. Das dadurch im Glas entstehende Vakuum schützt den Inhalt vor dem Verderben.
Dies war die Voraussetzung für die rasante Entwicklung auf dem Gebiet der Nahrungsmittelindustrie. Nun konnten ganz unterschiedliche Waren haltbar gemacht und somit auch auf Vorrat – für den Handel –

produziert werden. Clevere Wirtschafter haben das schnell erkannt und einige von ihnen konnten damit Geschichte machen.

■ DIE ERSTEN MARKENARTIKEL

Die gleiche Karriere wie James Keiller haben beispielsweise auch Justus von Liebig, Julius Maggi oder das Familienunternehmen Kühne zu verzeichnen.
Liebigs Fleischextrakt, wohl wegen seiner unattraktiven Farbe in Gläschen aus mattweißem Milchglas abgefüllt, ist heute noch in einer ganz ähnlichen Aufmachung wie vor hundert Jahren auf dem Markt. Garant für Qualität ist der handschriftliche Namenszug des Herstellers, der auf jeder Packung prangt. Nur echt sei das Produkt – so wirbt die Firma bereits im 19. Jahrhundert –, wenn das Gläschen den blaufarbenen Namenszug trage. Doch um der Konkurrenz, obgleich sie damals noch recht klein war, entgegentreten zu können, zog die Firma noch ein weiteres Ass aus dem Ärmel: sie gab ihren Packungen kleine Bildchen, die sogenannten „Liebig-Bildchen", als kostenlose Dreingabe bei und traf damit schon damals den Nerv der Sammler. Das Produkt wurde zum Renner!
Aber nicht nur die Bildchen,

Gläschen für Liebigs Fleischextrakt, um 1980.

Maggi-Flasche, 30er Jahre (die Originalflasche wurde 1893 von Julius Maggi selbst entwickelt)

ERSTE MARKENARTIKEL

Limitierte Neuauflage zum 100. Geburtstag der originalen Odol-Flasche mit Etikett von 1894 (1994)

sondern vor allem auch die alten Liebig-Gläschen werden heute teuer gehandelt. Die Flüssigwürze von Maggi wird seit Mitte der 80er Jahre des letzten Jahrhunderts abgefüllt. Sowohl die eigenartige eckige Flasche als auch ihr Etikett in den vertrauten Farben gelb und rot hat Julius Maggi selbst entworfen. Schon ihm war klar, daß eine ausgefallene Aufmachung sich auf dem Absatzmarkt bewährt. Die schnelle optische Identifizierbarkeit mit dem einmal bekannten Produkt erleichtert dem Käufer die Entscheidung zum Kauf.

Anders als Liebig schrieb Maggi seinen Namen gutleserlich und signalhaft in roten Buchstaben auf das gelbe Etikett, das ansonsten

Maggi-Flasche, 1994

weitgehend frei von Ausschmückungen oder erklärenden Texten ist. Daß „Maggi" zum Synonym für Flüssigwürze schlechthin wurde, beweist, wie recht Julius Maggi mit seiner Gestaltung hatte, die sich in ihrer Reduziertheit intensiv in die Köpfe der Konsumenten einprägen konnte.

So gehört Maggi noch heute zur Grundausstattung fast jeder Küche und schmückt selbst bisweilen die Tische in Restaurants, deren Koch seiner eigenen Würzfähigkeit mißtraut.

Ähnlich erfolgreich waren die unverwechselbare Flasche und der prägnante Markenname für das Mundwasser Odol. Sowohl der Schriftzug Odol, als auch der achteckige Grundriß der Flasche wurden im Lauf der

Zeit nur geringfügig modernisiert, indem man beides mehr abrundete. Odol feierte 1993 seinen hundertsten Geburtstag. Aus diesem Anlaß brachte die Firma eine Reproduktion der Originalflasche mit ihrem alten Etikett heraus, die sie eigens für den Sammlermarkt limitierte.

C.E.W. Kühne, der erste des traditionellen Familienunternehmens, hatte eine Essigfabrik übernommen, die bereits seit 1722 in Berlin ansässig war. Er entwickelte 1832 ein Herstellungsverfahren für den früher in Heimarbeit produzierten Essig, das sich industriell ausbauen ließ, und gehörte somit zu den Pionieren der gewerblichen Essig-

ERSTE MARKENARTIKEL

Etikettierte Flasche für die Essig-Marke Surol von Kühne, Anfang 20.Jh. (wohl um 1904) und heutige Form

Firmenzeichen – später in Kombination mit dem Familiennamen – in natürlich stark reduzierter Form erhalten.

Keiller, Liebig, Maggi oder Kühne und zahlreiche andere Hersteller erkannten bereits früh die Möglichkeit, die im gesetzlich gesicherten Schutz von Produkten vor Nachahmung steckte, der zuerst in England (im 17.Jh.!), in Frankreich (Ende 18.Jh.) und in Deutschland (Anfang 19.Jh.) vom Gesetzgeber gewährt wurde. Da dennoch auch namentlich ausgezeichnete Produkte häufig kopiert wurden, garantierten sie entweder mit ihrem handschriftlichen Namenszug auf der Packung, oder durch eine einzigartige Gestaltung für die Originalität ihrer Ware. So entstand der Markenartikel und mit ihm die Reklamepackung.

brauerei. Sein Enkel war schließlich 1904 der erste, der Essig in Flaschen und nicht mehr in Fässer abfüllte. Neben dem vornehm goldenen Etikett mit dem groß und dick geschriebenen Markennamen Surol und der stolz präsentierten Staatsmedaille von 1896, trägt die Flasche bereits eine Firmenmarke: den Kopf eines kühnen Ritters. Während die Gestaltung sich bis heute grundsätzlich gewandelt hat, blieb doch das

> Der Markenartikel, der sich im 19. Jahrhundert entwickelt, definiert sich durch seine „Markierung" (Beschriftung oder Etikettierung) mit einem feststehenden Namen (anfänglich der des Herstellers), der für die gleichbleibende Qualität und die jeweils angegebene Quantität der verpackten Ware garantiert. Mit ihm beginnt auch die Geschichte der Packung als Werbeträger.

NEUE MÖGLICHKEITEN
IN BLECH

Zwei Dosen für Suppen von Campbell's aus einer Anzeige von 1930

■ DIE BLECHKONSERVE

Nur wenig später, 1810, wurde den Engländern Dunkin und Hall das gleiche Verfahren patentiert – sie jedoch machten die Nahrung nicht wie bisher im Glas haltbar, sondern in einer verschlossenen Blechdose: der Konserve.

Diese frühen Konserven waren aber nicht ganz ungefährlich, denn wahrscheinlich enthielt die Lötmasse, mit der sie dicht verschlossen wurden, Blei. Erst heute ist man auf den Verdacht gestoßen, daß einige der Polarforscher zu Beginn des 20. Jahrhunderts nicht im ewigen Eis erfroren oder etwa verhungert sind, sondern, daß ganz im Gegenteil wahrscheinlich ihre in Konserven mitgebrachte Nahrung zu ihrem Verhängnis wurde: sie starben qualvoll an einem durch Blei hervorgerufenen Nervenfieber. Dennoch konnten Blechkonserve und Blechdose (die sicher überwiegend gefahrlos waren) ihren Siegeszug antreten. Gewährten doch beide eine zuvor nicht gekannte – wenngleich auch nur relative – Frische und einen guten Schutz für Form und Aroma des Inhaltes.

Dank des technologischen Fortschritts konnte die Blechdose bald industriell hergestellt werden, kannte man doch bereits seit Beginn des 19. Jahrhunderts ein maschinelles Verfahren zur Herstellung von gewalztem Blech, dessen optische Qualität zudem dem geschlagenen Blech weit überlegen war. Dies war auch die Voraussetzung dafür, daß schließlich, nachdem die frühen Blechdosen entweder mit Papieretiketten beklebt, oder per Hand bemalt worden waren, auch seit 1875 die Möglichkeit bestand, sie direkt zu bedrucken, zum Ende des Jahrhunderts sogar in einem Endlosverfahren mittels Gummiwalzen.

Von den frühen Konservendosen ist verständlicherweise nicht allzu viel mehr erhalten, ging es doch hier mehr um den Inhalt, als um die Verpackung, die ja durchs Öffnen zerstört wurde. Ungeachtet ihres Inhalts, ob Tomaten-, Spargelcreme- oder Selleriesuppe: Eine Konservendose, die ihr unverwechselbar rot-weißes Etikett nie änderte, blieb, seit ihrer Erhebung in den Adelsstand der Kunst durch Andy Warhol, in vielen Haushalten ungeöffnet: Campbell's.

Ein frühes und außergewöhnliches Beispiel

BLECHKONSERVEN

ist die Konsevendose für einen Schweizer Käse, deren bildnerischer Schmuck direkt auf das Weißblech gedruckt wurde. Daß es sich bei ihrem Inhalt um Käse handelt, geht nur aus der Aufschrift der Wandung hervor, der zudem noch die entsprechenden Münzbilder verschiedener Qualitätsprämierungen beigegeben sind. Eine Art Werbung, die man am Ende des 19. und Anfang des 20. Jahrhunderts häufig antrifft. Weit interessanter ist jedoch, daß es sich bei diesem Beispiel um eine typische Ausfuhrpackung handelt. Ihr unbekannter Gestalter baut darauf, daß man über die liebevolle Darstellung der alpenländischen Kuhhirtenidylle vor dem Hintergrund einer festungsartigen Stadtanlage das Schweizer Exportprodukt schlechthin identifiziert. Für den Schweizer selbst wäre eine solche Symbolisierung des Landesproduktes völlig unsinnig, da es (bis auf die Herkunftsangabe aus Thun) keinen weiteren spezifischen Aufschluß über seinen Inhalt liefert. Der eigene Käse war ihnen ja hinreichend bekannt.

So schmuck die Konservendose auch ist und solche geradezu erzählenden Bilder auf Dosen und anderen Packungen sich lange Zeit noch halten werden, so stehen doch bald schon andere Gestaltungsprinzipien im Vordergrund. Dabei spielt die schnelle Identifizierbarkeit eine große Rolle.

Eine amerikanische Schinkenkonserve der 20er Jahre weist sogar unabhängig von der Aufschrift mit ihrer Dose auf den Inhalt hin: ihre Form ist an die eines Schinkens angeglichen – der ebenfalls formal angeglichene Inhalt dürfte jedoch nicht so attraktiv ausgefallen sein.

Konservendose für Schweizer Käse aus Thun, Ende 19.Jh.

■ DIE BLECHDOSE

Abgesehen von den Konservendosen, die für Öl, Fisch, diverse Pasten, oder Gemüse verwendet wurden, wurde in den wieder verschließbaren Blechdosen mit Stülp- oder Steckdeckel vornehmlich trockene Waren verpackt. Dazu gehörten Waren, die aus verschiedensten Gründen gesichert aufbewahrt werden mußten, wie Näh- oder Grammophon-

Drei kleine Blechdosen für Violinsaiten, Anfang 20.Jh.

DIE BLECHDOSE

Blechdose für Kakao von Suchard, um 1930, die bereits um 1900 in der gleichen Aufmachung auf dem Markt war

Teedose der Firma Twinings & Co., um 1994 in nahezu identischer Gestaltung wie im 19.Jhd.

nadeln und Violinsaiten. Wegen des Aromaschutzes war die Blechdose aber vor allem zur Verpackung von Kakao, Tee und Tabakwaren geeignet, im umgekehrten Sinn aber auch beispielsweise für die schlecht riechende Schuhcreme. Natürlich war es eine Firma des Koloniallandes England, die eine Teedose auf den Markt brachte, deren schlichte, rein typografische Gestaltung mit nur geringfügigen Veränderungen bis zum heutigen Tag beibehalten wurde, R. Twinings & Co. Ltd. Im Vergleich mit der Mehrzahl der zeitgenössischen Teedosen wird klar, was die Qualität der Twinigs-Dose ausmacht: trugen doch die meisten anderen ein Dekor, das sich auf die asiatische Herkunft des Tees stützt. Bilder von Mandelbäumchen in Blüte oder rikschaziehenden Asiaten mit Sonnenhut und Ähnlichem herrschen hier vor. Die einfache Gestaltung von Twinig's erfüllt dabei die noch immer gültige Anforderung an eine Verpackung, nämlich sich aus der Masse herauszuheben und dadurch im Blickfang, und damit „Kauffang", zu stehen.

Gleiches wie für die Gestaltung von Teedosen gilt auch für die von Kakao-Dosen und Zigaretten-Blechpackungen. Wie immer am potentiellen Abnehmerkreis oder an der Herkunft des Artikels orientiert, herrscht bei den Kakao-Packungen das „süße" Bild vor, so beispielsweise die Darstellung niedlicher, sich die Finger leckender Kinder, wie das noch lange für die Packung von Suchard-Kakao gelten wird; oder bei den Zigarettenpackungen das „abenteuerliche" Bild, das damals noch mit dem fremden Orient in Verbindung gebracht wurde. Palmen, Kamele, Männer mit Turbanen, Haremsdamen, orientalische Architekturen und maurische Ornamente sind die symbolisierenden Versatzstücke. Später (und noch heute), nachdem der Orient nicht mehr für die fremde Ferne steht, ist dann der „Hauch von Abenteuer" im amerikanischen Westen angesiedelt.

KÜNSTLERISCHE IMPULSE
JUGENDSTIL UND DEUTSCHER WERKBUND

Schaufenstergestaltung mit Packungen für Kindernahrung der Firma Tropon von Henry van de Velde, ca. 1898

Die Gestaltung der frühen Packungen wurde natürlich noch nicht von „Profis" ausgeführt, daher sind ihre Entwerfer auch so gut wie nicht namentlich bekannt. Nennenswerte, vorbildliche Ergebnisse unterliegen dem Zufall und sind entsprechend selten. Wenngleich auch das Gros guter Verpackungen bis heute durchschnittlich zu nennen ist, so sollte sich doch auf diesem Sektor schon bald etwas ändern.

Seit der Mitte des 19. Jahrhunderts entstand durch die englische Arts-and-Crafts-Bewegung ein neues Bewußtsein für die künstlerische Qualität von Alltagsgegenständen. Die Anhänger dieser Bewegung wollten die Kluft zwischen Kunst und Handwerk, die sich mit der Industrialisierung aufgetan hatte, überbrücken. Man bemühte sich um eine am traditionellen „künstlerischen" Handwerk orientierte industrielle Produktion auf den verschiedensten Gebieten alltäglicher Gebrauchsgegenstände. Das Bewußtsein dafür sollte sich allmählich international durchsetzen.

■ HENRY VAN DE VELDE

Der Jugendstil, in Deutschland so genannt nach der Zeitschrift „Die Jugend", oder seine verwandten Richtungen Art nouveau und Modern Style, dessen Vertreter eine ganz ähnliche Zielsetzung wie die der Arts-and-Crafts-Bewegung vor Augen hatten, lieferten um die Jahrhundertwende neue Impulse. Die zentrale Idee war die des Gesamtkunstwerkes, das heißt, alle Bereiche, auch die des Alltags, künstlerisch zu erfassen. Dies Öffnung der Künstler gegenüber dem allgemein als „nicht-künstlerisch" gesehenen Terrain machten sich nun auch ei-

JUGENDSTIL

Kartonschachtel mit floralem Jugendstil-Dekor für „Savon Floramye" von L.T.Piver Paris; um 1910

Kiste für Schokoladen-Tafeln der Firma Sprüngli, Anfang d. 20.Jh.

nige weitsichtige Industrielle zunutze, die schließlich den einen oder anderen Künstler für ihr „Marketing" (wie man es heute nennt) gewinnen konnten.

Einer der frühesten Künstler, die sich hier betätigten, war Henry van de Velde. Die Mühlheimer Tropon-Werke betrauten ihn mit einem umfassenden Auftrag, der sich nicht nur auf die Packung ihrer „Tropon Kindernahrung" bezog, sondern auf die gesamte Firmenwerbung.

Van de Velde entwickelte 1897/98 eine Packung mit einem für den Jugendstil typischen linear-ornamentalen Aufdruck, die nicht nur für sich alleine wirkte, sondern vorallem in der Gesamtgestaltung eines Schaufensters die Aufmerksamkeit der Passanten auf sich zog. Es ist wohl eines der frühesten Beispiele von Schaufensterdurchbildung überhaupt und zeigt, wie sehr infolge wachsender Konkurrenz das Bewußtsein für eine ansprechende oder gar aggressive Verkaufsstrategie gewachsen war. Auf einer Tagung des Deutschen Werkbundes brachte van de Velde die Bemühungen, die die ganze Generation bewegten und mit stärkerer Betonung der merkantilen Seite die Geschichte des Verpackungsdesigns prägten, auf eine Formel: „Kunst und Industrie einigen, heißt nichts Geringeres, als Ideal und Wirklichkeit verschmelzen." Besonders für den großen Bereich der Süßwarenartikel waren schmuckvolle Kästchen typisch, war doch der im wesentlichen noch auf gehobene Schichten beschränkte Abnehmerkreis für dergleichen empfänglich. Die Beispiele von Verpackungen mit floralem oder auch bildhaftem Dekor – teilweise mit Anklängen an den Jugendstil – häuften sich am Anfang des 20. Jahrhunderts. Oft aber sind sie mit Darstellungen überladen, was dem Geschmack des wohlhabenden Bürgertums entsprach, dessen Wohnungen (wie bereits zeit-

> Der Stil, den man in Deutschland nach der Münchner Zeitschrift 'Die Jugend' „Jugendstil" nannte, hatte sehr unterschiedliche Erscheinungsformen. So herrschte um 1900 in Frankreich, Belgien und Deutschland eine eher florale Ornamentik vor, in Wien hingegen vorwiegend klare, geometrische Formen. Grundsätzlich jedoch stand hinter allen gestalterischen Ausprägungen die gleiche (von der Arts-and-Crafts-Bewegung vorweggenommene) Idee: die Durchgestaltung des Alltags mit künstlerischen Mitteln.

HEINRICH MITTAG

Dose für Waffeln der Firma Singer, Anfang 20. Jh.

HEINRICH MITTAG

Pionierarbeit auf diesem Gebiet leistete ein Industrieller, dessen Ideale man geradezu mit dem Zitat van de Veldes umschreiben könnte. Wie kein anderer vor ihm, wußte der kunstsinnige Hermann Bahlsen die Kunst in den Dienst der Industrie zu nehmen. Für die Packungsgestaltung der Produkte seiner 1889 gegründeten Biscuit-Fabrik (selbstredend gehören diese zu den frühesten Markenartikeln) beauftragte er schon in den Anfängen nur die Meister des Fachs. Bereits die erste, noch von einem unbekannten Entwerfer gestaltete Packung für Bahlsens „Leibniz-Cakes" (1890er Jahre) erfüllte in hohem Maß die Ansprüche der werbenden Hülle eines Markenartikels. Mit dem Sortennamen ehrte Bahlsen ei-

genössische Kritiker mit ironischem Unterton bemerken) mit wuchtigen Möbeln, schweren Vorhängen, zahllosen Pflanzen und allerlei Nippes vollgestopft waren. Doch der Kreis der Abnehmer erweiterte sich bald schon auf alle Gesellschaftsschichten, weil die neuen Möglichkeiten der Massenproduktion sich auch auf den Marktpreis auswirkten. Diese Entwicklung erforderte nun auch bezüglich der Gestaltung griffigere Lösungen nach den modernen Prinzipien der werbenden Verpackung.

Erste Packung für „Leibniz-Cakes" von Bahlsen, 1890er Jahre (hier um 1900)

Keksdosen der Firma Bahlsen, Ende 19. Jh. bis Anfang 20. Jh. (Dose für „Bunte Biskuits" von Heinrich Mittag, 1907)

PETER BEHRENS

Erste TET Packung für „Leibniz-Cakes", Heinrich Mittag 1903

Aktualisierte TET Packung für „Leibniz Keks" mit der neuen, kombinierten Firmenmarke; Nikolai Borg, 1966

nen der wichtigsten Söhne seiner Stadt, den Philosophen Gottfried Wilhelm Leibniz, wobei diese Entscheidung auch marktwirtschaftlichen Gesetzen folgte: Die Bekanntheit des Namens gewährleistete eine gute Einprägsamkeit – und damit natürlich einen erfolgreichen Stand im Konkurrenzkampf.

Als „Bild" für die Packung diente lediglich der stilisierte Keks mit seiner Aufschrift. Dazu wurden mit wenigen Schlagworten die besonderen Vorzüge und der gesetzliche Schutz des Produktes genannt. Als Verschluß diente ein Rundes Klebeetikett, die damalige Schutzmarke der Firma. In der von Nikolai Borg entwickelten Kombination mit dem Schriftzug Bahlsen wird sie ab 1962 zum heute noch gültigen Firmenzeichen.

Diese Packung wurde 1903 von Heinrich Mittag (ab 1912 Mitglied des Deutschen Werkbundes) modernisiert. Anlaß hierfür war die bahnbrechende Erfindung einer (nach damaligen Maßstäben) staub- und feuchtigkeitssicheren Packung. Sinnigerweise wurde sie TET genannt, was im Ägyptischen so viel wie „ewig, dauernd" bedeutet. Das von Heinrich Mittag dazu entworfene Signet mit dem ägyptischen Schriftzeichen und der darüber stehenden „Übersetzung" verdrängte die alte Schutzmarke mit dem Pferd. Die kubische Form und auch die Farbtrias Weiß-Rot-Blau behielt Mittag bei. Hinzu gab er die kettenartige Umrandung, die noch auf den heutigen Leibniz-Packungen erscheint.

Das Prinzip der Umrandung wurde etwas später auch für andere Kekssorten mit märchenhaften Darstellungen aufgegriffen.

Bahlsens „Werkbund-Paket" von Peter Behrens, 1914

■ PETER BEHRENS

Das 1914 auf den Markt gekommene „Werkbund-Paket" ist wohl als Referenz des Fabrikanten an den Werkbund zu verstehen, von dessen Mitgliedern einige für Bahlsen arbeiteten.

Der Deutsche Werkbund war eine Vereinigung von Künstlern und Kunsthandwerkern, die „die gewerbliche Arbeit als ein Stück – und nicht das geringste – der allgemeinen Kulturarbeit ansehen", so die Satzung von 1907. Ein Anspruch, dem man ja schon bei der Arts-and-Crafts-Bewegung und den Vertretern des Jugendstiles begegnet war, von denen auch welche, wie van

WERKBUND

Der Deutsche Werkbund wurde 1907 gegründet und existiert – mit Unterbrechung durch den Nationalsozialismus ab 1933 – in abgewandelter Form bis heute. In seiner Satzung von 1907 heißt es: „Der Zweck des Bundes ist die Veredelung der gewerblichen Arbeit im Zusammenwirken von Kunst, Industrie und Handwerk durch Erziehung, Propaganda und geschlossene Stellungnahme zu einschlägigen Fragen." In den vom Werkbund herausgegebenen Jahrbüchern werden entsprechende Fragen diskutiert sowie die Mitglieder und ihre Arbeiten vorgestellt.

de Velde, zu den Gründungsmitgliedern zählten. Die Aufgabe, die sie sich stellten, war typisch für die beginnende Moderne: die Alltagswelt von verstaubtem und verkitschtem Überfluß zu befreien und ein modernes Design zu verbreiten, das der von industrieller Fertigung geprägten Zeit angemessen ist. Der Entwurf des „Werkbund-Pakets" stammt von keinem geringeren als Peter Behrens, einem weiteren Gründungsmitglied der Vereinigung. Seine schlichte Aufmachung kann als stellvertretendes Beispiel für deren Anliegen gelten, wurde es doch auf der Werkbund-Ausstellung in Köln 1914 gezeigt. Bis auf den Fackeltragenden Reiter (das steigende Pferd erinnert an die alte Schutzmarke), besteht das Dekor aus blauen und beigen Rahmungslinien und der auf das Nötigste reduzierten klaren Schrift. Hervorzuheben ist dabei die Bezeichnung „Keksfabrik": der gute Absatzmarkt für die kleinen Küchlein in Deutschland weckte den Wunsch, eine passende deutsche Übertragung des bis dato nur im Englischen (cakes) oder Französischen (biscuits) existierenden Begriffes zu finden. Hermann Bahlsen konnte sich 1911 mit der schlichten Eindeutschung „Keks" durchsetzen, die noch im gleichen Jahr in den Duden aufgenommen wurde. 1912 wurde aus der „Hannoverschen Cakes-Fabrik H. Bahlsen" „H. Bahlsens Keks-Fabrik" – ein neurlicher Meilenstein in der Geschichte des Markenartikels.

Wie das „Werkbund-Paket" so sind auch die anderen Bahlsen-Packungen, aufgrund der Meisterschaft ihrer Entwerfer, kunsthandwerkliche oder künstlerische Zeitzeugnisse. Dies gilt natürlich in besonderem Maße für die vielen hochwertigen Geschenkdosen aus Keramik oder Blech. Hier mußte nicht so sehr auf Werbewirksamkeit

Bahlsen-Geschenkdosen aus Blech von Martel Schwichtenberg, 20er Jahre

Bahlsen-Geschenkdose aus Keramik und Blech: links: Ludwig Vierthaler, um 1914; Mitte: Josef Emanuel Margold, um 1916/17; oben: Ella Margold, um 1920

GESCHENKDOSEN

Bahlsen-Geschenkdosen aus Blech von Eva Grossberg, (oben von 1956, unten: 1965)

geachtet werden und so konnten Künstler wie Josef Emanuel Margold, seine Frau Ella Margold und Ludwig Vierthaler wahre Kleinodien schaffen; Martel Schwichtenberg konnte in den 20er Jahren den Expressionismus aufgreifen; die für die 50er und 60er Jahre typische Geschmackskultur vermittelt sich schließlich deutlich in den Schmuckdosen der Malerin Eva Grossberg.

Die Entwicklung auf dem Gebiet des werbenden Designs kann man jedoch vor allem an den „Modernisierungen" einzelner Sorten-Packungen ablesen. Ein gutes Beispiel hierfür ist die Wandlung, die die Packung für „Klinker-Keks" durchmacht. Beginnend mit einem floralen Ornament (Heinrich Mittag, 1914), über eine für die Zeit typische expressionistische Variation (1924) und eine rein geometrische Gestaltung (1924-1927), entwickelte sich das Bild zu einer zunächst abstrahierten (1928) und schließlich stilisierten, den Keksnamen symbolisierenden Klinker-Mauer (1935). Letzteres Beispiel ist eigenartig weit entfernt von der für Süßwaren typischen, lieblichen Aufmachung.

Die von einem tieferen Blickwinkel ausgehende Perspektive der Mauer mit dem „aufsteigenden" Namenszug vermittelt nicht mehr das Bild einer süßen Leckerei, sondern geradezu das von Kraftnahrung. Offenbar sollte hier in einer Zeit großer Arbeitslosigkeit ein ganz anderer (größerer) Kundenkreis erfaßt werden, als der für den Luxusartikel „Süßware". Andererseits scheint sich in diesem „erhabenen" Bild auch der „Reichsstil" zu spiegeln, waren doch schon seit 1933 in verschiedenen Schandausstellungen die Werke der modernen Kunst als „entartet" angeprangert. Mit Verpackungen wie den herrlichen expressionistischen Geschenkdosen von Martel Schwichtenberg hätte man sicher keinen Erfolg mehr gehabt, ja vielleicht sogar ernsthafte Probleme bekommen.

JULIUS GIPKENS

JULIUS GIPKENS

Nicht nur Bahlsen, sondern auch anderen Fabrikanten am Beginn des Jahrhunderts kommt der Verdienst zu, auf dem Sektor des Verpackungsdesigns einiges bewegt zu haben.

Gerade die Süßwaren-Packungen mit ihren bunten Bildern hatten eine Reform nötig, die um so schwerer war, da man auf das blumige Image nicht verzichten konnte. Wieder waren es Mitglieder des Deutschen Werkbundes, die im Auftrag von weitsichtigen Industriellen ihre Fähigkeiten unter Beweis stellen konnten. Ihnen gelangen – teilweise unter Beibehaltung der traditionellen Bild- und Ornamentfülle – überzeugende Entwürfe, die einer stimmigen Symbolik für die Sortenbezeichnung und der zeitgenössischen Vorstellung von Schlichtheit Rechnung tragen: eine Rokoko-Dame vor gestutzter Parkhecke steht für „Wiener Torte", ein Reiter auf weißem Pferd (man denke an die Hofreitschule) für „Wiener Herrenkuchen", eine Münsterfassade für „Münster-Kuchen". Letztere beiden stammen von dem in Berlin tätigen Julius Gipkens, einem hervorragenden Meister seines Faches. Er lieferte für Sarotti-Pralinen zahlreiche moderne form- und farbenprächtige Entwürfe. Bei seinen aufgefalteten Vorlagen (auf denen man die Falzkerben erkennen kann) wird die Idee deutlich, eine Packung einheitlich „rundum" zu gestalten, statt deren einzelne Seitenflächen mit jeweils eigenen Bildern zu betonen, wie das zuvor die Regel war. Auch hier gilt das Prinzip, die spezifische Sorte – wie Himbeer- und Apfelsinenpralinen oder Zitronenschnitten – durch auffallende, stilisierte Früchte zu kennzeichnen. Bei den „Likör-Pralinen" oder der „Formen-Schokolade" bietete sich dieses Vorgehen natürlich nicht an. Hier griff Gipkens auf das traditionelle ornamentale oder florale Dekor zurück, wobei seine Entwürfe wieder ein Beweis dafür sind, daß auch eine geschlossene Schmuckfläche nichts gemein haben muß mit den verstaubten „horror vacui"-Visionen des Historismus.

Tortenpackungen, Entwürfe der Kunstgewerbeschule in Breslau ca. 1919

links: Packung für „Wiener Herrenkuchen" von Julius Gipkens, ca. 1919

Hüllpapiere für Sarotti-Pralinenpackungen von Julius Gipkens, um 1919

NEUE GESTALTUNGSPRINZIPIEN IN DER
TABAKINDUSTRIE

Zigarettenpackung für „Kin Edar" der Firma Josef Feinhals von Fritz Hellmut Ehmcke, um 1912

■ ZEITBEZOGENE GESTALTUNGEN VON FRITZ HELLMUT EHMCKE

Zigarettenpackungen mit orientalischen Motiven (Reemtsma), 1. Hälfte 20.Jh.

Obgleich auf dem Gebiet der Zigarettenindustrie weiterhin die exotisch-orientalischen Themen Gültigkeit besaßen, zeichnete sich doch auch hier mit den 10er und 20er Jahren ein Wandel ab, der insofern der „Entdeckung der Geschwindigkeit" Rechnung trug, als daß gute Packungsentwürfe mit wenig Schmuck (und ohne Bilder) auskamen und statt dessen auf kurze und klare (aber weiterhin „bildhafte") Bezeichnungen reduziert waren.

Führende Firmen wie Manoli in Berlin, Reemtsma in Hamburg, Haus Bergmann oder Josef Feinhals und Haus Neuerburg in Köln erkannten die Forderungen der Zeit und ließen Fachleute ans Werk, ihren Firmen ein modernes Image zu geben. Die große Zahl der Firmen macht deutlich, wie eng ihre Initiative im Zusammenhang mit der steigenden Konkurrenz stand. Um der schnellen Erkennbarkeit willen wurden vor allem der Firmenname hervorgehoben, die Firmen-Marken vereinfacht und in den Vordergrund der Verpackungsgestaltung gerückt.

Die Firma Feinhals hatte zwar kein ausgesprochen einheitliches Erscheinungsbild und auch ihr Firmenname bekam keine optische Präsenz, dennoch waren ihre Zigarren- und Zigarettenpackungen von eigener Qualität. Feinhals engagierte bevorzugt Fritz Hellmut Ehmcke, Professor an der Kunstgewerbeschule in Düsseldorf (ab 1913 in

TABAKINDUSTRIE

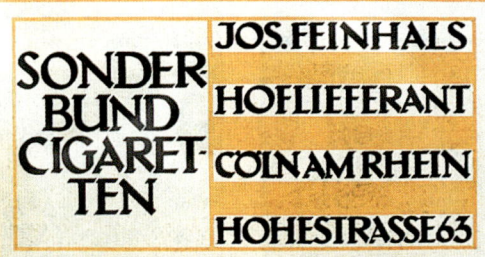

Zigarettenpackungen der Firma Feinhals von Fritz Hellmut Ehmcke: „Sonderbund" (um 1912), „Werkbund" (1913/14) „Pressa" (um 1928)

München). Ob er das Wappen-Thema, das Orient-Thema oder auch das reine Ornament aufgriff, immer aktualisierte er sie nach kunstgewerblich-modernen Vorstellungen.

Eine ganz eigene Werbestrategie stellen die Packungen dar, mit denen die Firma Feinhals (ähnlich wie Bahlsen mit dem Werkbund-Paket von Peter Behrens) zeitgenössische Kölner Kunstgewerbe-Ausstellungen wie die des Sonderbundes 1912, des Werkbundes 1914, oder die 1928 in Köln gezeigte, bedeutendste internationale Presse-Ausstellung „Pressa" ehrte. Ihre typografische Gestaltung ist entsprechend qualitätsvoll und repräsentativ, denn Ehmcke griff bei ihnen jeweils die Plakatgestaltung der Ausstellungen (die teilweise von ihm selbst stammte) auf. Damit erreichte er natürlich zweierlei: die Gestaltung betreffend ein „plakatives" Äußeres und die werblichen Aspekte betreffed einen hohen Grad an Vertrautheit, denn die Ausstellungsplakate waren ja an den exponiertesten Stellen angebracht und mußten dadurch hinreichend bekannt sein. Dabei ist vorauszuschicken, daß sich der Zigarettenhandel bis in die 30er Jahre hinein ausschließlich auf die jeweiligen regionalen Märkte konzentrierte. Es gab selbst einzelne Sorten, die für ein eigens bestimmtes Absatzgebiet produziert – und natürlich entsprechend gestaltet – wurden. Nur unter diesen Bedingungen konnte eine Gestaltung wie die Ehmckes für die Firma Feinhals erfolgreich sein.

■ DAS AUFKOMMEN DER CORPORATE IDENTITY

Auf das Durchsetzungsvermögen eines einheitlichen Erscheinungsbildes baute bereits die Zigarettenfabrik Manoli. Um 1909 erhielt der Berliner Lucian Bernhard von der Werbeleitung der Firma Manoli den Auftrag, das Gesamtbild des Unternehmens zu modernisieren. Er reduzierte die alte Marke – ein Medaillon mit eingeschriebenem Namen und gürtelartiger Rahmung – auf das mit einem Kreis umgebene typische „M". In vielen Fällen setzte er dieses Signet als einziges „Ornament" ein und vertraute ansonsten auf die Wirkung

FRÜHE CORPORATE IDENTITY

Zigarettenpackung für „Rumpler-Taube" der Firma Manoli von Lucian Bernhard, um 1910/11

des groß geschriebenen Firmennamens und der Sortenbezeichnung, wobei allein der Schrifttypus und die Farbe des Fonds die Sorte charakterisierten: „Klasse" auf vornehm-klassischem Goldocker, „Heliotrop" auf blumig-leichtem Violett, „Diva" auf mondän-schwülem Rot. Auch die anderen typografischen Variationen (ob nun auf Blech oder Papier) blieben dem einheitlichen Erscheinungsbild der Firma verpflichtet. Selbst die „Rumpler-Taube", mit der skizzenhaften Darstellung des damals bekanntesten Flugzeugs „Entrich-Rumpler-Taube", fügt sich in dieses Bild ein, obgleich Bernhard hier auf eine eigenständige Thematik einging: das sportive Abenteuer einerseits oder auch die Verherrlichung des technischen Fortschritts andererseits. Beide Themen erschienen vermehrt auf den Zigarettenpackungen dieser Zeit und spiegelten bereits die heldenmütige Stimmung am Vorabend des Ersten Weltkrieges wieder.

Manoli zählte zu den frühesten Unternehmen, die sich der Marktstrategien eines einheitlichen Firmenbildes, der heute sogenannten Corporate Identity, bedienten. Das hatte natürlich Konsequenzen für die Verpackung. Der „Markenartikel" mit seinem eigenen, den Inhalt spiegelnden „Gesicht", verlor zugunsten des übergreifenden „Unternehmensgesichtes" mehr und mehr an Bedeutung.

Wie einprägsam diese frühe Corporate Identity der damals führenden Zigarren- und Zigaretten-Hersteller war, zeigt am deutlichsten der Unterschied zur Konkurrenz, die sich eben falls gestalterisch neu orientierte. Haus Neuerburg holte sich zu diesem Zweck Professor O. H. W. Hadank. Bei seinen Packungsentwürfen bediente er sich der komplizierten Stahlstichtechnik, die dem Ganzen ein einheitliches „stählernes" Bild gibt. Für Haus Bergmann gestaltete Wilhelm Poetter die neuen Packungen, deren sach-

---

CORPORATE IDENTITY

bezeichnet das einheitliche Erscheinungsbild einer Firma. Das betrifft sowohl die inneren Belange, wie Personalpolitik und Sozialleistungen, als auch vor allem die nach außen wirksamen Kommunikationsstrategien, zu denen Werbung und Verpackung ebenso zählen wie die Gestaltung des Firmengebäudes, der Kundendienst oder gar die Kommunalpolitik. Für die Verpackung bedeutet das eine eingeschränkte Eigenständigkeit. Daß sie dennoch ihre eigene Attraktivität beibehält, ist ausschließlich dem Können hochqualifizierter Designer zu verdanken.

Die Corporate Identity eignet sich jedoch nicht für kleinere oder jüngere Firmen, da sie auf Langzeitwirkung baut. Ebenso ist ihr Erfolg auf dem internationalen Markt nur bedingt garantiert, da größere sprach- oder mentalitätsbedingte Unterschiede ihre Wirksamkeit einschränken.

FRÜHE CORPORATE IDENTITY

liche Erscheinung die signifikante Firmen-Marke – der futuristisch reduzierte, rauchende Doppelkopf – besonders hervorhob.

■ DIE EINHEITSSTIFTENDE FIRMENMARKE

Auch die Zigarettenfabrik Reemtsma entschied sich 1919 zu einem modernen Markenstil. Wilhelm Deffke entwarf für sie den noch heute gültigen „Wikingerschiff-Steven" als Signet, das Hans Domizlaff wenig später verkleinert in die Packungsgestaltungen einfließen ließ.

Für Reemtsma war die einfache Firmenmarke insofern von großer Wichtigkeit, als sie die unterschiedliche Packungsgestaltung ihrer verschiedenen Sorten beibehielt und sich somit weiterhin auf den jeweiligen regionalen Absatzmarkt einstellte. Allein das in seiner Größe variierende Signet gab den Produkten den übergeordneten Zusammenhang. Gerade das Beispiel Reemtsma zeigt, daß der Verzicht auf eine Firmenidentität nicht zwingend mit Erfolgseinbußen einhergehen mußte. Sie entwickelte sich sogar zu einem Großunternehmen, das seit Mitte der zwanziger Jahre zahllose Konkurrenzfirmen übernahm. Neben Laferme, Bulgaria, Delta, Constantin, Jasmatzi und Yendize gehörte ab 1924 auch Manoli dazu. Nachdem deren jeweils unterschiedliche Packungsgestaltung und auch ihre Firmennamen einmal erfolgreich auf dem Markt eingeführt waren, behielt sie diese bei. Bestes Beispiel hierfür ist die Marke „Atikah"

von Delta, die (natürlich neben zeitgemäßer Anpassung der Gestaltung) 1966 nur eine neue Schreibweise, „Atika", erhielt. Manche von diesen Packungen allerdings büßten schnell ihre Wirksamkeit ein, wenn sie allzu sehr auf die Zeit bezogen, also „modisch" und nicht „modern", waren. Schnellebig wie das Kino-

Zigarettenpackung der Firma Haus Neuerburg von O.H.W. Hadank, ca. 30er Jahre

Verschiedene Zigarettenpackungen der Firma Reemtsma u.a. von Hans Domizlaff, 1. Viertel 20. Jh., mit der von Wilhelm Deffke ca. 1919 entworfenen Firmenmarke

FIRMENMARKE

Zigarettenpackungen (Reemtsma) mit verschiedenen aktuellen Themen, erstes Viertel d. Jhd.

oder Varieté-Geschäft war, konnten Marken, die mit ihren Stars warben, bald einpacken: wer interessierte sich denn da lange für „Elsa Krüger", „Luci Doraine" oder „Schatzi" (das ist Agnes Ayres)? Für wen war „Unser Kaiser" nach der Abschaffung der Monarchie denn noch ein Idol, für wen die „11. Armee" noch Hoffnungsträger in Zeiten, in denen man sich endlich nach Frieden sehnte? Und spätestens nach dem Zweiten Weltkrieg hatten auch sämtliche Suleiken, Salomes und Wüstenfüchse ausgedient. Nur das Kamel konnte mühelos sämtliche Durststrecken überwinden.

Eher blieben solche Packungen erfolgreich, die eine zeitlose Gestaltung hatten, wenn auch ihr Markenname die Zeit mit ins Spiel brachte – so wie „Ernte 23". Ihren Namen verdankt die Marke der außergewöhnlich guten Tabakernte von 1923, ihr Äußeres verdankt sie Erich Etzold. Um der besonderen, sonnensatten Reife des Tabaks ein „Bild" zu geben, entschied er sich für den einfarbig leuchtendorangenen Fond des Deckels, den er mit grünen Seitenflächen umgab. Allein die zarten Ornamentlinien erinnern noch an das Orient-Thema, fielen aber bald schon dem gewandelten Geschmack zum Opfer. Die auffällige Farbgebung hingegen hatte sich bewährt und wurde beibehalten.

Camel-Zigarettenpackung, ca. 1920

ART DÉCO UND DIE „GOLDENEN ZWANZIGER"

Die Inflation Anfang der zwanziger Jahre (bis 1924) hatte den meisten Kriegsgewinnern nichts anhaben können. Im Gegenteil. Nur die Armen wurden ärmer – die Reichen wurden reicher. Auf Bildern wie denen von Otto Dix ist dieser krasse Gegensatz selten gut eingefangen. Das Leben der Reichen war beherrscht von Luxuria – der Göttin der Verschwendungssucht und des Überflusses. Man fuhr mit chromglänzenden dicken Automobilen auf Partys, rauchte Opium, tanzte Charleston und trank Champagner. Ob dürr, wie die angehimmelten Leinwandstars, oder fett: Die Frauen schmückten sich mit tiefdekoltierten schlaffen Trägerkleidchen, mit Haarreifen, Federn und Perlenketten-Meterware; die Männer mit Frack, Monockel, Pomade und smartem Oberlippenbart.

Ansonsten umgab man sich mit allem was schön war, oder schön machen sollte. Beides kam im gleichen Gewand daher, dem später sogenannten Art déco. Wie der Name schon sagt, bezog er sich dieser Stil vor allem auf Kunsthandwerk und Industriedesign und war geprägt von den zeitgenössischen künstlerischen Strömungen des französischen Kubismus, des italienischen Futurismus und des russischen Suprematismus und machte sich auch im Schaffen kunsthandwerklicher Vereinigungen unterschiedlicher Richtungen bemerkbar, wie den Wiener Werkstätten, dem Deutschen Werkbund oder dem Bauhaus.

Auch im Verpackungsbereich breitete sich dieser Stil aus.

Anders als beim floralen Jugendstil sind hier die Formen kantiger – selbst da, wo nicht wie üblich geometrische Grundmuster eingesetzt wurden, sondern auch bei den floralen Mustern, wofür die Beispiele von Julius Gipkens typisch sind. Der starke Hang zur flächigen Gestaltung ließ Packungen entstehen, die selbst für heutige Verhältnisse modern sind! Oftmals wurde zugunsten einer gut gesetzten, kurzen und qualitätvollen Beschriftung auf Ornament fast vollständig verzichtet. Darüber hinaus zeichneten sich gerade die Verpackungsgestalter dieser Zeit durch ihre Offenheit gegenüber neuen Materialien (wie Kunststoffe oder metallisch beschichtete Papiere) und neuen Technologien aus.

■ KOSMETISCHER LUXUS

Eine wahre Spielwiese waren für sie natürlich die Verpackungen von Luxusgütern, vor allem von Kosmetikartikeln, deren Produktion in dieser Zeit auf vollen Touren lief. Eiferte doch jede mit Reichtum mehr als mit Schönheit gesegnete Frau ihren marmorhaften Leinwandidolen nach! Um sich eine entsprechende Schneewittchenhaut zuzulegen, benötigte sie vor allem einmal

---

ART DÉCO

Eine für 1915 geplante, aber erst 1925 gezeigte, Ausstellung mit dem Titel „Exposition Internationale des Arts Décoratifs et Industriels Modernes" prägte im nachhinein den Begriff für den vielschichtigen Stil der 20er und 30er Jahre: Art déco. Seine Stilmerkmale sind im Bereich der Verpackung vor allem eine flächige Gestaltung, eine auserlesene knappe Beschriftung und, wenn überhaupt, ein reduziertes, geometrisches Ornament.

Puderdose „Houppes" von René Lalique. Pappschachtel nach einem Glasentwurf von 1913, 20er/30er Jahre

Puderdosen der Firma Helena Rubinstein, 20er Jahre

tonnenhaft Puder. Mit Puderdosen, von denen eine schöner war als die andere, warb die große Konkurrenz um die Gunst ihrer Käuferinnen. Einen Vorreiter, den es zu übertreffen galt, brachte die Pariser Kosmetikfirma Coty bereits 1913 auf den Markt. Für die Gestaltung ihrer Puderdose zog sie lohnenswerter Weise alle Register und so konnte ihr Produkt über zehn Jahre lang auf dem großen Konkurrenzmarkt bestehen. Kein geringerer als der berühmte René Lalique, dessen Schmuckstücke im Besitz sicher vieler jener potentiellen Kundinnen waren, verhalf ihnen zu diesem Erfolg. Durch eine lässige Anordnung mehrerer weißer Puderquasten auf zart-orangenem Grund gelang ihm mit seiner Dose „Houppes" (frz.: Quaste) eine außergewöhnliche Zwischenform zwischen Bild und Ornament. Obgleich dieser Entwurf noch einer Zeit angehörte, die weicheren und luftigeren Formen verpflichtet war, blieb er noch in den Zwanzigern aktuell.

Die meisten Kosmetikfirmen bauten auf die jüngste Mode. Sie versuchten ihre Produkte durch Verpackungen mit sehr reduzierter, kantiger Ornamentik, oder mit einer auffallenden typografischen Gestaltung aus der Masse hervorzuheben, wie dies bei der Marke mit dem klingenden Namen „Melloqlo" der Fall war. Sie stellte zugleich den Versuch dar, den Kosmetikartikel in eine direkte Verbindung mit Schmuck zu bringen, indem man den Puder nicht in der üblichen runden, sondern in einer quadratischen Packung anbot. Sowohl formal, als auch in Bezug auf ihre metallisch-marmorierte Oberflächengestaltung gleicht sie eher einem Collieretui, als einer Puderdose. Eine Form, die sich allerding nicht durchsetzen konnte.

Kosmetikfirmen wie Houbigant, Helena Rubinstein, Dana, Pond's und die meisten anderen blieben bei der klassischen runden Puderdose. Auf den Packungen der Serie „Fleur Bienaimée" von Houbigant nähert

ART DÉCO UND DIE GOLDENEN ZWANZIGER

sich die zeitgemäß kantig-stilisierte Blume einem glitzernden Stern an, der aus dem metallisch beschichteten Papier relieffartig hervortritt. Das geometrische Muster der Dosen von Helena Rubinstein, nun völlig losgelöst von bildhaften Bezügen, leuchtet gewissermaßen als Glanzlicht aus dem einfarbig glatten Fond auf, der eben jene Wunschvorstellung von Ebenmäßigkeit zu prophezeien schien. Hier, wie bei vielen anderen Kosmetikpackungen dieser Jahre, bediente man sich gerne eines eisgrünen Grundtones, der das herrschende Ideal der kühlen Schönheit farblich hervorragend symbolisiert. Auf den Puderdosen von Dana taucht eine solche kühl-grüne Profilsilhouette aus dem schwarzen Grund auf. Man möchte meinen, daß der Markenname „Tabu" sich auf die Puderschicht bezieht, unter der sich doch tatsächlich etwas Lebendiges verbirgt. Wahscheinlicher aber ist, daß hier andere Geheimnisse vielversprechend angedeutet werden sollten.

Eine andere bemerkenswerte Verpakkung gab sich diesbezüglich weit offener, ja lüftete geradezu das Geheimnis, wie der

Natur selbst durch Technik nachgeholfen werden kann. Zum Beispiel mit einem Vibro-Massagegerät, mit dem die schönheitsbewußte Frau von Welt wie eine Bildhauerin sich ein marmornes Gesicht selbst zurechtschmirgeln konnte.

Neben dergleichen Hilfsmitteln gehörten natürlich auch weiterhin die klassischen Cremes und Tinkturen auf den Schmincktisch, ebenso wie die unentbehrlichen Zellstofftücher, von denen eine Marke so bekannt wurde, daß sie zum Produktnamen wurde, der heute noch allseits gebräuchlich ist: „Kleenex".

Einige Firmen boten aber mit ihren Tinkturen auch gleich ihr eigenes „Kleenex" an, wie beispielweise Pond's. Passend zum dazugehörigen Gesichtswasser war ihre Packung gemäß den modischen Vorstellungen der Zeit gestaltet, während die Cremeserie eine weit zeitlosere typografische Etikettierung beibehielt, die sich, unter geringfügigen Abweichungen, bis heute gehalten hat. Ähnlich wie die Cremes von Pond's wurde auch das Deo, damals nur als Creme bekannt, in Döschen aus weißem Milchglas mit Metallschraubdeckel abgefüllt. Im Vergleich mit der Marke MUM, die wie die Produkte von Pond's noch heute auf dem Markt ist, wird einerseits deutlich, wie modern eine typografische Gestaltung bleiben kann, andererseits aber auch, wie stark ein prägnanter Markenname wirkt. Das blumige

Puderdose aus Pappe für „Tabu" (um 1930) und Kartonschachtel für ein amerikanisches Massagegerät (um 1928)

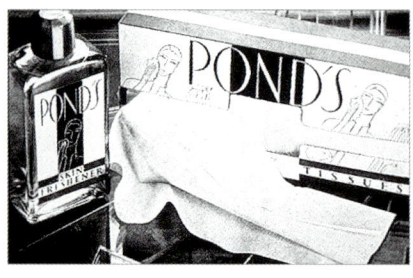

Packung für Kosmetikprodukte von Pond's aus einer Anzeige von 1930

ART DÉCO UND DIE GOLDENEN ZWANZIGER

Image, das den vielversprechenden desodorierenden Duft von MUM verbildlichen sollte, konnte nicht überdauern, der Name hingegen schon.

Weit konsequenter noch reduziert ist die Gestaltung der Dosen von Boncilla, die überaus vornehm wirken. Frei von jeglichem farbigen Schmuck und rein auf die Grundfarbe beschränkt, war auf der Wandung des hohen Stülpdeckels ein wappenartiges Zeichen eingraviert und auf der Oberseite nur der Firmen- und Markenname sowie die Firmenmarke, die für die Echtheit des Produktes aus diesem Hause garantierte.

Während für dergleichen kosmetische Behältnisse natürlich Materialien wie Glas, Blech und Karton dominierten, wurde bereits in dieser Zeit auch schon einmal zum modernen Kunststoff gegriffen, das heißt, zu Aminoplast (hier waren verschiedenen Färbungen möglich) oder Phenoplast (das war in der Regel Schwarz bis Tiefbraun). Diese verschiedenen Kunststoffe werden heute im Volksmund unter dem Begriff Bakelit zusammengefaßt, benannt nach dem belgischen Chemiker Leo Hendrik Baekeland, der 1909 jenen Kunstharzpreßstoff entwickelt hatte.

Diese Plastikvorform jedoch war keineswegs mit der Vorstellung eines minderwertigen Materials behaftet, wie das heute bisweilen der Fall ist. Ganz im Gegenteil: es wurde gerade da eingesetzt, wo es um Eleganz ging, wie beispielsweise im Kosmetikbereich für Puder- oder Cremedosen. Unabhängig von ihrer fein geschwungenen Form verleiht das Bakelit der Cremedose von Schwarzkopf einen vornehmen matten Glanz, der den Verzicht auf jegliches Dekor nahelegt. Hinzu kommt auch hier wieder die typische kühl-grüne Farbgebung des Gefäßkörpers, die mit dem Schwarz des Deckels attraktiv kontrastiert. Solche Lösungen, die nur mit dem eigenständigen ästhetischen Reiz des Materials auskommen, finden sich in den 20er und 30er Jahren häufig.

Neben diesen Kunststoffen gab es auch

Kosmetikdosen der Firma Boncilla, 20er Jahre

schon Zelophan, das ebenso ausschließlich für Luxusgüter-Packungen verwendet wurde, wie bei den Packungen für Handtücher einer amerikanischen Firma, deren Deckel aus Klarsichtfolie die wohldrapierten und farblich abgestimmten Handtücher sichtbar machen. Der Inhalt wird somit Bestandteil einer exquisiten Gestaltung, die ebensogut von heute sein könnte.

Wässerchen, Öle, Cremes, Puder oder Massagegeräte – das war bei weitem noch nicht alles, was man an Geschützen im Kampf um makellose Schönheit auffahren konnte. Beim Versuch, sich an die zelluloidschönen Cinema-Stars anzunähern, sahen sich doch viele Damen vor recht haarige

SCHÖNHEIT, HYGIENE

■ SCHÖNHEIT UND HYGIENE

Wer nun glaubt, damit hätte sich das Repertoire erschöpft, der irrt sich gewaltig. Mit dem magischen Wort „Schönheit" ließ sich auch für vermeintlich artfremde Produkte werben. Selbst der Kaugummi – heute in aller Munde – suchte damals schon seine Absatzmöglichkeiten bei den Schönen und Reichen. Warb man doch mit dem unschlagbaren Argument, daß die besondere Schönheit der Azteken von deren perlweißen Zähnen unterstrichen werde. Perlen waren ja besonders „in". Wie seit längerem bereits bekannt, komme diese Makellosigkeit nicht von Ungefähr, sondern sei auf das Kauen von Blättern eines bestimmten Gummibaumes zurückzuführen – und natürlich kaut man selbige Extrakte (noch heute) aus „Wrigley's Chewing Gum" heraus.

Sollte das jedoch nicht die Vorstellung von angemessener Hygiene erfüllen, dann gab es ja immer noch die bewährte Zahnpasta, die seit dem Beginn des Jahrhunderts das weniger praktische Zahnsalz ablöste – offenbar geht die Zahnpasta auf eine deutsche Erfindung zurück, doch dazu später.

Tube für Haarentfernungscreme „Odo-No-Ro-Cream", Anzeige 1930

Probleme gestellt. Der Griff zum gefährlichen Rasiermesser hatte sicher oft alles noch viel schlimmer gemacht! Aber auch hierfür kannten die Zwanziger, man höre und staune, andere Möglichkeiten. So versprach „Odo-Ro-No-Cream" – abgefüllt in praktischen Tuben, deren Grundfarbe natürlich das bekannte „Kühl-Grün" war – Abhilfe durch eine sanfte Haarentfernung.

SCHÖNHEIT, HYGIENE

Packung für Wrigley's Kaugummi, um 1930

Hygiene wurde seit dieser Zeit merklich größer geschrieben. In vielen Bereichen hatte man große Fortschritte erzielt.

Auch dem im Leben einer Frau allmonatlich anfallenden Bedürfnis nach besonderer Hygiene wurde in dieser Zeit mit neuen Möglichkeiten Rechnung getragen: die wegwerfbare Binde aus Zellstoff. Dieses Thema hüllte man jedoch besser in vornehmes Schwarz und gab ihm den etwas irreführenden, wenngleich auch sehr schmeichelhaften Namen „Venus".

■ DIE KARRIERE NEUER MEDIEN

Die „Golden Twenties" waren aber bei weitem von mehr als nur von Schönheitspflege und Hygiene geprägt. Der Krieg hatte nicht nur die Gesellschaft gravierend verändert, in der sich eine unüberbrückbare Kluft zwischen Arm und Reich aufgetan hatte. Er hatte auch die Entwicklung verschiedener Technologien vorangetrieben, die für Kriegszwecke nützlich waren. Das ist – sofern man überhaupt davon sprechen darf – das einzig positive Ergebnis von Kriegen: sind dergleichen Verbesserungen einmal erreicht, so können sie auch für den friedlichen Alltag genutzt werden und verändern damit häufig den allgemeinen Lebensstandart.

In engem Zusammenhang mit der kriegerischen Nutzung steht die Weiterentwicklung von Erfindungen wie Radio und Fotografie, die zu Aufklärungszwecken eingesetzt und entsprechend praktikabler gemacht wurden. Somit waren sie nach dem Krieg auch für die friedliche Nutzung geeigneter. Radio und Fotoapparat hielten nach und nach Einzug in die privaten Haushalte. Somit kam auch das entsprechende Zubehör auf den Markt – und damit natürlich wieder neue Verpackungen.

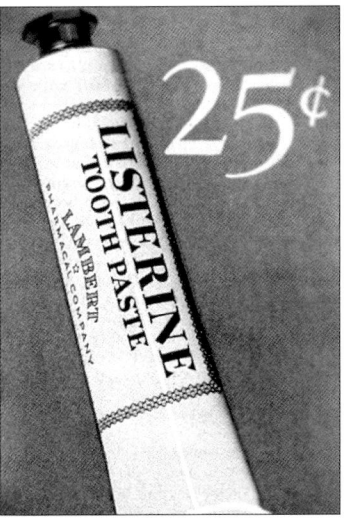

Tube für Zahnpasta, um 1930

Dem Inhalt angemessen, muten die Packungen für Radiozubehör von E. Paul Weise schon sehr technoid an und sind vorsichtshalber auch äußerst informativ, was man nicht von allen Packungsgestaltungen dieses damals neuen Bereiches sagen kann. Hier ist es nicht nur die notwendig eigene Form der Packung, sondern vor allem ihre im wesentlichen typografische Gestaltung, die für Aufklärung sorgt. Weise legt den Schwerpunkt auf das „Kodewort" RADIO und das grafische Zeichen, das elektrische Spannung vermittelt. Mit beidem ist man schnell über die Sparte informiert und auch die spezifischere Angabe – ob es sich um eine „Heizbatterie" oder um eine „Anoden-Trocken-Batterie"

NEUE MEDIEN

Packungen für Radio-Batterien; von E. Paul Weise, Mitte 20er Jahre

Auch bei der Anzeige für Gelatine-Trockenplatten, das erste Aufnahmematerial der Berliner Aktiengesellschaft für Anilin-Fabrikation von 1895, deren ornamentale Gestaltung mit der Packung identisch ist, könnte man spontan eher an einen Backwarenartikel, als an fotografisches Zubehör denken. Schnell jedoch sollte sich auch hier eine „fachspezifischere" Gestaltung durchsetzen, hatte sich doch auf fototechnischem Gebiet innerhalb kürzester Zeit Revolutionäres getan.

Schon 1916 war es mit Hilfe des Nachfolgeproduktes, den „Farbenplatten", möglich, Aufnahmen „in natürlichen Farben" zu machen. Entsprechend dieser technischen Entwicklung und der wachsenden Vertrautheit der Bevölkerung mit dem Medium Fotografie, verlieren die Packungen seit dem ersten Jahrzehnt des Jahrhunderts nach und nach ihr verspieltes Aussehen. Bemerkenswert ist hier vor allem die Entwicklung des Namenszuges der Firma. Selbst auf der ältesten Packung gibt es eine Schutzmarke mit der Namensabkürzung A.G.F.A., die allerdings schon 1916 nur noch aus dem Namen „Agfa" bestand, der um 1920 dann seine typische Schrift erhielt und schließlich,

handelt – muß man nicht lange suchen.

Wie bereits erwähnt, erfüllten die Packungsgestaltungen dieses Bereiches bisweilen nicht ganz ihren informativen Sinn, auch wenn sie künstlerisch oft sehr qualitätvoll sein mochten. So bezieht sich die von S. von Suchodolski entworfene flache Kartonschachtel für fotografische Trockenplatten mit ihrer Darstellung der Münchner Stadtsilhouette zwar auf den Markennamen „Münchner Krako-Platten", ähnelt dabei aber in irritierender Weise den zeitgleichen Packungen für Süß- und Backwaren (z.B. Julius Gipkens Packungsentwurf für „Münster-Kuchen"). Wer nicht sicher wußte, daß es sich bei den „Krako-Platten" nicht um eine besondere Kekssorte, sondern um Fotoplatten handelt, der konnte sich im Extremfall klägliche Verdauungsstörungen zuziehen!

Anzeige für das erste Aufnahmematerial von Agfa, die Gelatine-Trockenplatten, 1895

Eine Packung für Agfa-Farbenplatten, 1916

FILME

Agfacolor-Ultra Filmpack (Kornrasterfilme), 1934

unten: Isopan-Filmpackungen von Agfa Wolfen; aus dem Wolfener Katalog um 1950

eingeschrieben in den Rhombus, zum Markenzeichen wurde, das noch heute gültig ist. Unabhängig dieses Signets wird die ganz individuelle, typische Schriftart von Agfa sowie die Farben Blau und Orange (einzeln oder in Kombination) alle nachfolgenden Packungen auszeichnen. Gerade in dieser Branche, in der die Packungsgestaltungen sich grundsätzlich sehr ähnlich waren und sind, versuchten die verschiedenen Hersteller ihre Marken durch individuelle Schrifttypen und Frabkombinationen (wie beispielsweise Kodak mit dem satten Gelb, Ilford mit seinen Weiß- und Grautönen oder Fuji mit seinen Grüntönen) in der Masse schnell unterscheidbar zu machen. Bei dem rasant sich verbreiternden jungen Industriezweig war das von größter Wichtigkeit.

Für Agfa ergab sich nach dem Zweiten Weltkrieg in dieser Hinsicht jedoch ein Problem. Mit der Teilung Deutschlands in Ost und West, wurde auch Agfa geteilt – oder vielmehr „verdoppelt": Das Wolfener Werk wurde zu einer eigenen Firma, die allerdings zunächst den Namen behielt und aufgrund der identischen Geschichte auch das äußere Gepräge. Erst 1964 wurde die Firma in „Orwo"

Querschnitt alter Filmschachteln europäischer, amerikanischer und japanischer Hersteller, 1955-1974

umbenannt und legte sich eine gänzlich andere Packungsgestaltung zu. Bis dahin aber mußten die nun zur „Konkurrenz" gewordenen Zwillinge wenigstens ein kleines Unterscheidungsmerkmal erhalten. So kennzeichnete das im Westen angesiedelte Werk, Agfa Leverkusen, seit den 50er Jahren ihre Packungen durch die Querstreifen unter der Firmenmarke, die natürlich mit der Umbenennung von Agfa Wolfen in „Orwo" hinfällig wurde.

Filmdosen für Agfacolor Nehativfilme (Kunstlicht), 1950 (oben) und 1952 (unten)

DAS NEULAND
CHEMISCHE INDUSTRIE

Die industrielle Revolution hatte in besonderem Maße auf die Alchemie eingewirkt und setzte den Zeiten düsterer Kellergewölbe, in denen faustische Alchemisten mit blubbernden Violen experimentierten, ein Ende. Aus den Alchemisten wurden Chemiker, die Hand in Hand mit der Industrie die Spuren ihrer Ahnen weiterverfolgten und mit dem gleichen Eifer wie jene, nun aber mit anderen Möglichkeiten, ihre Forschungen betrieben. Zwei Männer, deren Namen und Produkte heute noch jeder kennt, erkannten damals die Möglichkeiten der Zeit und nutzten diese: der Apotheker Paul C. Beiersdorf und der Kaufmann Fritz Henkel.

Anzeige für Leukoplast von Beiersdorf, 1923

■ NEUE PRODUKTE IM NEUEN GEWAND: PFLASTER, SALBEN UND KLEBSTREIFEN

Beiersdorf, der seit 1880 in Hamburg eine Apotheke betrieb, tat sich mit dem Dermatologen Paul Gerson Unna zusammen, der eine Poliklinik für Hautkranke eingerichtet hatte. Unna lieferte das medizinische Wissen um den Bedarf und Beiersdorf die chemische Realisierungsmöglichkeit. Ein Ergebnis dieser Zusammenarbeit waren selbsthaftende, mit unterschiedlichen Arzneien versehene Salbenmulle, die 1882 patentiert wurden. Hierauf baute ab 1890 Baiersdorfs Nachfolger Oscar Troplowitz auf. Er ersetzte die hautreizenden Harze, mit denen bereits amerikanischen Pflaster bestrichen waren, durch eine hautverträgliche Zinkoxid-Kautschuk-Mischung und bereitete damit seinem Heftpflaster den Weg auf den internationalen Markt. Die weiße Farbe (griechisch „leukos") des neuen Haftmittels stand Pate für den noch heute bekannten Markennamen: Leukoplast. Für die eigenartige Konsistenz dieses Produktes mußte nun auch eine Verpackung gefunden werden; nach amerikanischem Vorbild wickelte man das Heftpflaster auf Rollen, die in zylindrischen Blechdosen abgepackt wurden.

Der clevere Unternehmer wußte nun auch die weniger hautfreundliche Vorform seiner neuen Erfindung zu nutzen und pries diese als Cito-Sport-Heftpflaster an, das nun zwei Fliegen mit einer Klappe schlagen konnte: es war gleichermaßen einsetzbar

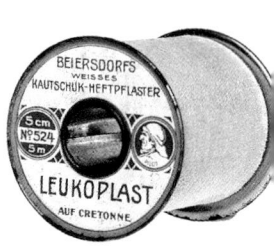

Roll-Packungen für das von Beiersdorf entwickelte Pflaster „Leukoplast", ab 1906

PFLASTER, SALBEN, KLEBSTREIFEN

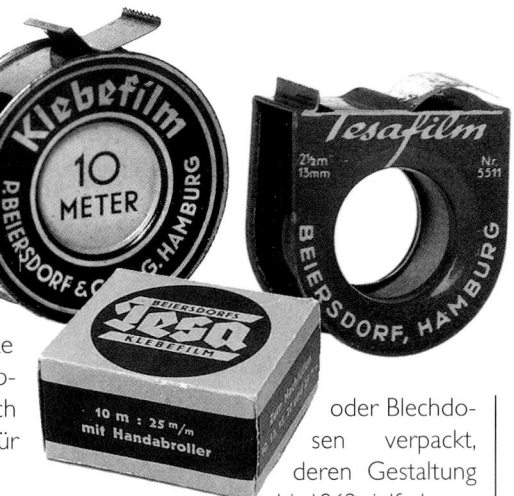

Verschiedene Spulen für Tesafilm (ca. 1939 bis zu den 50er Jahren

für platte Fahrradreifen wie für aufgeschlagene Ellenbogen. Ein wahrer Sportsmann ist ja hart im Nehmen!
Cito gehörte zu den ersten technischen Klebebändern, deren Nachfolger mit dem Markennamen „tesa" (seit 1939 auch aus Film hergestellt) heute weniger dem Sportsmann als dem Schreibtischtäter dienlich sind. Für sie setzte sich eine ähnliche Verpackungsmethode wie für die Heftpflaster durch.

Daß man für diese neuen chemischen Ergebnisse keine „Bilder" hatte, wie für Zigaretten, Tee oder Süßwaren, und auch die Abnehmerklientel sich nicht auf besondere Schichten beschränkte, entwickelten sich in diesem Bereich Verpackungen, die in erster Linie typografisch gestaltet waren. Dabei vertraute man auf die Wirksamkeit des Hersteller- oder des Produktnamens. Die Firma Beiersdorf (ihr Gründer war schon 1905 Mitglied des „Verbandes der Fabrikanten von Markenartikeln") stellte von Anbeginn an den jeweiligen Markennamen in den Vordergrund, der nur im Schrifttypus (und manchmal in der Farbkonstellation) dem Wandel der Moden Rechnung trug. Zu den wenigen Ausnahmen zählte das 1922 herausgebrachte „Hansaplast". In praktische Streifen geschnitten, wurde es in Kartonschachteln oder Blechdosen verpackt, deren Gestaltung bis 1962 vielfach verändert wurde. Bisweilen griff man hier auf ein „sprechendes" Bild zurück, wie das des Fußballers (1926), der mitten im Spiel „schnell mal eben" sein aufgeschürftes Knie mit Pflaster versorgt. Die (zufällige) Spezialisierung auf die Produktentwicklung im Be-

Laden-Plakat für Tesa-Klebebänder von 1936

rechts: Werbung für Tesafilm von 1953

TUBEN

Handzettel für das Tesa-Sortiment von 1965

reich der Klebstoffe einerseits und der Arzneimittel, Salben, Pasten und Cremes andererseits sollte noch weitere Neuerungen zu Tage befördern: die Zahnpasta – und ihre Tube! Troplowitz hatte einfach das bisher übliche Reinigunspulver für Zähne mit einer weißen cremartigen Masse vermischt, die er der besseren Haltbarkeit wegen in Tuben abfüllen ließ. Aus der Kombination der beiden Frühformen entstand „Pebeco", der bis dahin meistverkaufte Markenartikel von Beiersdorf, ja einer der erfolgreichsten der Zeit vor dem ersten Weltkrieg überhaupt.

Im Gegensatz zu „Pebeco", das man heute nicht mehr kennt, gab es zwei weitere, neuartige Produkte, die bis zum heutigen Tag marktführend sind. Das eine ist der Lippenpflegestift, der seit 1909 unter dem Markennamen „Labello" verkauft wird. Ähnlich wie Maggi oder Kleenex, wurde auch der Name Labello zum allgemeinen Begriff für die Produktsparte der Lippenpflegestifte.

Das andere Produkt hatte aufgrund des Kriegsausbruchs 1914 zunächst größere Absatzprobleme, ist aber dafür heute um so berühmter: die 1911 auf den Markt gebrachte Nivea-Creme.

Es ist sicher kein Zufall, daß sie Mitte der zwanziger Jahre schließlich doch noch ihren Siegeszug antreten sollte, denn 1925 ersetzte man die gelbe Dose, mit ihrer verschnörkelten Schrift und dem ornamentierten Rand, durch die bekannte blaue Dose, bei der man sich auf den Aufdruck des Markennamens in klarer weißer Schrift beschränkte. Mit diesem souveränen Vertrauen in den Markennamen suggerierte man dem Käufer natürlich Vertrauen in das Produkt. Das Wagnis lohnte sich – in gewisser Weise auch für den namentlich nicht bekannten Gestalter. Seine Dose wurde so berühmt, daß heute selbst ein Kunstwerk, die vor dem Münchner Gasteig

Anzeige für „Pebeco" Zahnpasta, 1911

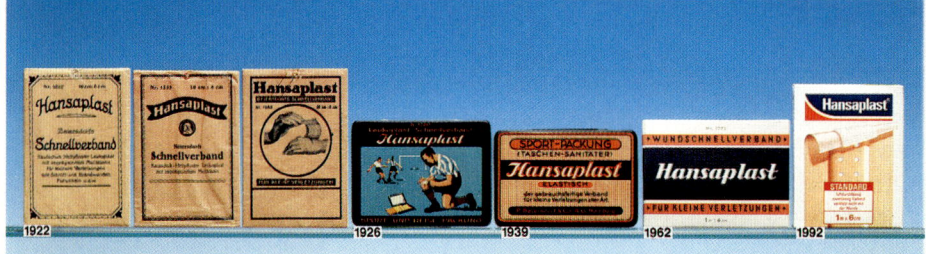

Die Entwicklung der Packungsgestaltung für „Hansaplast", 1922, 1926, 1933, 1943, 1962, 1976, 1989, 1992

Entwicklung des Markenbildes von Nivea-Dosen, 1912-1993

MODERNES MARKETING

errichtete blaue Scheibe von Ruprecht Geyger, vom Volksmund „Niveadose" getauft wurde.

■ MODERNES MARKETING

Auch Henkel kann auf eine Firmengeschichte mit nahezu gleichem Alter wie Beiersdorf zurückblicken. Fritz Henkel gründete mit zwei Partnern 1876 in Aachen die Seifen-Firma Henkel & Cie., die er schon 1878 wegen der besseren Infrastruktur nach Düsseldorf verlegte. Als Kaufmann und „Hobbychemiker" erkannte und nutzte er nicht nur die ungeheuren Wirtschaftschancen der chemischen Forschung, sondern auch die Möglichkeiten strategischer Firmen- und Produktwerbung. Dazu gehörte neben Anzeigen und Plakaten natürlich die reklametragende Verpackung. So nimmt es nicht Wunder, daß er seinem Werk bald schon eine eigene Kistenfabrik anschloß, um bereits auf der Ebene des Versandes mit angemessen Kisten werben zu können.

Die Tüte seines ältesten Markenartikels, „Henkel's Bleich-Soda" von 1878, war noch in der alt hergebrachten Manier mit erklärenden Texten überladen, hatte aber bereits ein eingetragenes Markenzeichen, den Löwen im Strahlenkranz.

Etwas früher noch, als Beiersdorf auf eine neue Dosengestaltung umstieg, änderte Henkel die Packung seines Bleich-Soda (1920), jedoch nicht mit der gleichen Radikaltät. Er reduzierte den Text und gab der sonst braun gebliebenen, nun kubischen Tüte, einen grünen Farbakzent bei. Wichtigste Änderung aber war die Umwandlung des Produktnamens in den Markennamen „Henko".

Zu dieser Zeit hatte er jedoch seinem Produkt schon eine hauseigene Konkurrenz beigestellt: Persil. Die Wirkung, die ein gutgewählter Markenname erzielen konnte, hatte sich hier bereits abgezeichnet. Persil war 1907 auf den Markt gekommen und sein Hersteller konnte mit Stolz verkünden, daß es das erste „selbsttätige" Waschmittel sei, mit dem nun auch die blödste Hausfrau klarkommen mußte, da es selbst bei falscher Anwendung unschädlich und dennoch wirksam sei. Was der Wäscherin an Kraftaufwand erspart blieb, wurde von den beiden chemischen Grundstoffen Perborat und Silicat übernommen, aus denen Henkel auch den Namen entwickelte. Schon die erste quaderförmige Papierpackung hatte einen grünen Fond auf dem der Name Persil in weißen Buchstaben prangte. Nachdem im roten Oval zunächst die Vorzüge des Waschmittels, „modern" bzw. „selbsttätigend" zu sein, angepriesen wurden, nahm

Erste Packung mit dem neuen Markennamen „Henko", um 1920

ERSTER WELTKRIEG

Persilpackung von 1950

man 1920 eine entscheidende Veränderung vor: das rote Oval wurde mit dem Namen Henkel zur Firmenmarke – und blieb es bis heute. In dieser Aufmachung konnte es in den 20er Jahren den Weltmarkt erobern. Ob in kyrillisch oder gar chinesisch, es blieb unverkennbar „Persil".

Schlaue Konkurrenten erkannten hierin ihre eigenen Profitchancen und brachten Imitate auf den Markt. Ein besonders dreister Hersteller machte dem Käufer doch wahrhaftig ein „x" für ein „u" vor. Er änderte nämlich nichts anderes an der Verpackung als das „i" von Persil: Persol. Selbst dem Profikunden hätte hier ein Fehler unterlaufen können!

■ AUSWIRKUNGEN DES ERSTEN WELTKRIEGS

Der erste Weltkrieg brachte nicht nur Einbußen aufgrund des eingestellten Außenhandels. Gerade Industriezweige, die auf Rohstoffe angewiesen waren, hatten schwerwiegende Produktionsprobleme. Auch die Firma Henkel war davon betroffen. Bereits 1915 mußte laut staatlicher Anordnung die Herstellung von seifenhaltigem Waschpulver eingestellt werden. So wurde von 1916 bis 1918 ein seifenfreies „Kriegs-Persil" hergestellt, das 1918, laut einer neuerlichen Verordnung durch den „Kriegsausschuß für Öle und Fette", durch ein sodafreies Waschmittel ersetzt werden mußte, das eigentlich gar nichts mehr beinhalten konnte. Um Klagen vorzubeugen wurde es „Kriegsseifenpulver" genannt und ein entsprechender Vermerk auf der Packung klärte den sicher enttäuschten Käufer über die eingeschränkten Bedingungen auf.

Endlich! 1920 konnte man aufatmen – das jedenfalls suggeriert die clevere Werbekampagne –, als Persil nach Kriegsende wieder auf den Markt kam und zwar in „Friedensqualität".

Die Nachkriegszeit brachte nun für einige Industrie-

Hand-Abfüllanlage für Persil im Henkel-Werk, 1907

ZWISCHEN DEN KRIEGEN

zweige den großen Boom. Fanden Kosmetika nur bei den sogenannten oberen Zehntausend reißenden Absatz, so konnten Seifenprodukte, wenngleich nicht mit einer finanzstärkeren, so doch mit einer weit größeren Klientel rechnen. Reinigungsmittel gehörten zwar nicht zum Lebensnotwendigsten, aber die Stimmung war so, daß man die paar Habseligkeiten, die bei der breiten Bevölkerungsschicht übrig geblieben waren, reinlich pflegen wollte. Henkel konnte also für das 1920 in Produktion gegangene Scheuermittel ATA, das für alle Küchengeräte, für Holztische und Böden, ja selbst für schwer verschmutzte Hände zum Einsatz kommen sollte, einen Senkrechtstart verzeichnen. Bei der ursprünglichen Packung orientierte man sich an Form und Gestaltungsprinzip der mittlerweile bekannten Produkte, wählte einen prägnanten und geradezu laut malerischen Markennamen, beschränkte sich auf die wichtigste Information und auf die klare, auffällige Farb-

kombination Dunkelblau und Gelb. Den Käufer hielt man aber mit einem weiteren Einfall bei der Stange: an der Öffnungsseite war zu lesen, daß der Verkauf nur gegen Rückgabe einer leeren Packung erfolgen würde. Das erhöhte die Wahrscheinlichkeit, daß, wer ATA einmal erworben hatte, auch dabei blieb. Ein solcher Schachzug könnte gerade die heutigen Packungsprobleme mattsetzen! 1924 änderte man jedoch die Packung. Die Packungsexperten hatten eine neuartige, praktische Lösung gefunden, eine Streuflasche aus Pappguß, deren Etikett die alte Gestaltung beibehielt.

Der Absatz lief so gut, daß die Firma schon 1929 mit IMI einen weiteren Haushaltsreiniger auf den Markt bringen konnte. Auch bei dieser Packung baute man auf das gleiche Prinzip wie zuvor. Das Erfolgsrezept könnte man ähnlich wie bei Manoli oder Bahlsen als „Corporate Identity" bezeichnen, jedoch mit einer Einschränkung. Während Manoli und Bahlsen sich auf das

Persil-Plakat „Märchengestalt auf dem Kurfürstendamm", 1921

links:
Erste Streuflasche aus Pappguß (die älteste ist von 1924; hier 1932) für ATA

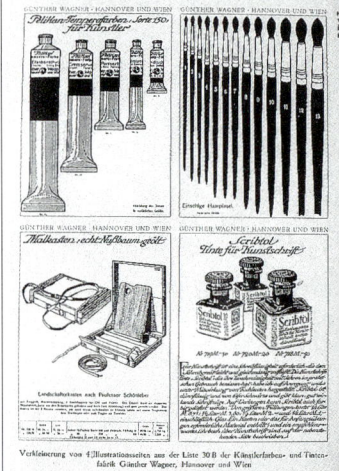

Werbung für Pelikan, 1. Hälfte 20. Jh.

ZWEITER WELTKRIEG

Anzeige für Pelikan, 1. Hälfte 20. Jh.

Gesamtbild des Unternehmens konzentrieren, bezieht sich die einheitliche Gestaltung bei Henkel auf das jeweilige Produkt. Diese Form der Identität in der Produktwerbung, deren sich auch Günter Wagner mit „Pelikan", die Lingner-Werke mit „Odol" oder auch die Kaffee-Firma mit „Kaffee HAG" bedienten, war vor dem Zweiten Weltkrieg weit üblicher als die Firmenidentität, die mehr und mehr gebräuchlich ist, obgleich es erstere – gerade bei Firmen mit langer Tradition – bis heute gibt.

■ MAKABERE WERBUNG IM ZWEITEN WELTKRIEG

Der Zweite Weltkrieg brachte vielschichtigere und weit schwerwiegendere Probleme mit sich, als der Erste. Das machte sich bereits mit der Machtübernahme Hitlers bemerkbar. Der offen ausgetragene Antisemitismus, das dunkelste Kapitel der jüngeren Geschichte, wirkte sich auch auf die Wirtschaft aus. Die Bilder von jüdischen Krämerläden mit eingeschlagenen Scheiben oder Schildern mit antisemitischen Hetzparolen sind allseits bekannt. Von entsprechenden Angriffen waren aber auch zahllose Großbetriebe betroffen, ob sie nun jüdische Besitzer oder jüdische Vorstandsmitglieder hatten. Unabhängig von Mitarbeiterausschlüssen oder gar erzwungenen Betriebsschließungen, ergaben sich auch auf werblicher Ebene einige Probleme.

Grundsätzlich hatte sich in der Packungsgestaltung dieser Zeit nicht viel geändert. Aufgrund von Sparmaßnahmen griff man bei der Werbung mehr auf Plakate zurück, die häufig den Geist von Heldentum, Deutschtümelei, Großmacht oder Mobilmachung spiegelten. Die verschiedenen Produkte wurden von düsteren Industrie-Silhouetten mächtig hinterfangen, von schuftenden stahlharten Männern vertreten oder von fleißigen blonden Muttis oder häuslichen Walküren stolz beziehungsweise sanft lächelnd angepriesen.

Doch brachte es auch die Packung teilweise auf eine ganz makabere Werbung, das heißt Anti-Werbung. Die bekam auch eine Firma wie Beiersdorf zu spüren. So zierten „deutsche" Konkurrenzfirmen ihre Produkte mit Aufklebern wie „Wer Nivea-Artikel kauft, unterstützt damit eine Judenfirma!" oder „Keine jüdische Hautcreme mehr benutzen! Lovana-Creme ist mindestens gleich gut, ist billiger und rein deutsch!" Beispiele dieser Art sind natürlich kaum erhalten. Ob sie es aus historisch-dokumentarischer Sicht wert sind, bewahrt zu wer-

NACHKRIEGSVERPACKUNG

den, darüber streitet man sich ja auf allen Gebieten. Ihr „gestalterischer" Wert aber ist unangefochten gleich Null.

Mit Ausbruch des Krieges kamen auf die Industrie auch massive Personalprobleme zu. Die Männer waren im Krieg, oder, was auch Frauen und Ältere betraf, in Konzentrationslagern. Fabriken wurden zerbombt und konnten garnicht oder nur auf eingeschränktem Raum produzieren. Die Rohstoffe wurden wieder einmal auf Reichsbeschluß gestrichen. Das Einzige, was boomte, war bekanntlich die Rüstungsindustrie und Industriezweige, deren Produktionen in irgendeiner Weise für den Krieg brauchbar sein konnten.

Dazu gehörten Waschmittel kaum. Die Reichsregierung ließ nur noch zwei Einheitswaschmittel zu, Henkels Persil-Produktion wurde für elf Jahre eingestellt. Doch während dieser ganzen Zeit ließ die Firma eine geschickte „Erinnerungswerbung" am Laufen und steigerte damit die Erwartungshaltung auf das „Nachher".

Dieses „Nachher" brachte die Zeit des Wirtschaftswunders und 1950 war es dann so weit, auch für Henkel. Wieder kündigte die Firma das Comeback ihres Produktes mit einer entsprechenden Werbekampagne an: „Ein großer Augenblick! Endlich wieder Persil...". Wie aus einem Dornröschenschlaf aufgewacht, war die Packung die gleiche, sollte aber bald durch gewichtige Veränderungen dem strebsamen Geist der Zeit angepaßt werden. 1959 erhielt die nach wie vor grüne Packung ein Querformat, einen neuen Schriftzug, der nahezu die ganze Fläche einnahm, und die vielversprechende Jahreszahl 59, mit der man – ähnlich wie schon Reemtsma mit seiner „Ernte 23" – für das „beste Persil" warb, „das es je gab".

Die Dame, die auf dem Werbeplakat das Päckchen stolz in die Höhe hielt, zierte dann 1965 die Packung und die gleichzeitig auf den Markt gebrachte neue „Trommel" von Persil 65. Vor allem die Trommel machte wohl deutlich, daß man das Produkt neuerlich den Anforderungen der Zeit anpaßte: es war waschmaschinengeeignet.

Neue Packungsgestaltung für Persil, 1965

Persil-Plakat „Gute Nachricht" 1950

DAS WIRTSCHAFTSWUNDER

Die 50er Jahre – sie sind geprägt von Begriffen wie „Frohsinn", „Artigkeit" und „Sauberkeit" oder Bildern von dicken Autos vor glänzenden Tankstellen und molligen Mammis auf Stöckelschuhen, die volle Einkaufswägen schieben. Der Einkaufswagen ist geradezu das Symbol der Zeit, die den Tante-Emma-Laden überrollte. Zum ersten Mal in der Geschichte der Menschheit schien es, als könne man alles haben – und zwar alles an einem Ort – und sofort: im Selbstbedienungsladen, dem „Supermarket" wie er damals noch hieß, war er doch aus Amerika importiert worden, dem Land der tausend Möglichkeiten, das keine wirtschaftlichen Einbußen durch den Krieg zu verzeichnen hatte. Im Gegenteil. Es erkannte schnell, daß im ausgebluteten Europa der Grundstein für einen weltweiten Absatzmarkt gelegt werden konnte. Damit entwickelte sich der internationale Markt zur Kampfarena, in der nur neun von zehn neuen Produkten eine Überlebenschance hatten. Die Hoffnung setzte man in verbesserte, umfangreiche Werbekampagnen und in nach allen Regeln der Kunst – respektive des Designs – gestaltete Verpackungen.

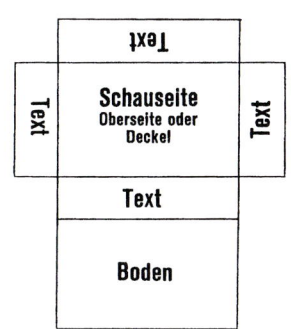

Schema für die Beschriftung einer Packung, aus einem Packungshandbuch von 1960

■ DIE DURCHLEUCHTETE PACKUNG UND DAS RÖNTGENBILD DES KONSUMENTEN

Alle blickten damals über den Teich, auch die Designer. Gerade sie mußten dem Selbstbedienungssystem, das Geschwindigkeit und Masse zu Werten erhob, mit ihren Packungsgestaltungen Rechnung tragen. Die Anforderungen, die an sie gestellt wurden, waren hoch und viele kamen damit offensichtlich nicht zurecht.

Zwar gab es schon seit Jahrhundertbeginn einige Publikationen (Zeitschriften oder Jahrbücher, wie das Jahrbuch des Werkbundes), in denen sich verschiedene Autoren für eine angemessene Packungsgestaltung einsetzten. Der Direktor des Landesmuseums in Stuttgart, Gustav E. Pazaurek, hatte 1920 mit seinem Aufsatz „Künstlerische Verpackungen" sogar schon eine kritische Geschichte der Verpackung geschrieben. Doch unter den nun gänzlich veränderten Bedingungen reichte eine solche Informationsleistung nicht mehr aus.

War die Packungsgestaltung zuvor ein Aufgabenbereich für Künstler oder Kunsthandwerker, so mußten nun Spezialisten ans Werk, die eigens dafür geschult waren. Handbücher kamen auf den Markt, die systematisch den Ablauf der Packungsherstellung, von der umfassenden wirtschaftlichen wie gestalterischen Planung bis hin zur gelungenen Ausführung, schilderten.

Anregung holte man sich natürlich wieder aus Amerika. Hier gab es bereits in den vierziger Jahren, als in Europa der Hunger nach Lebensmitteln noch größer war als der

WIRTSCHAFTSWUNDER

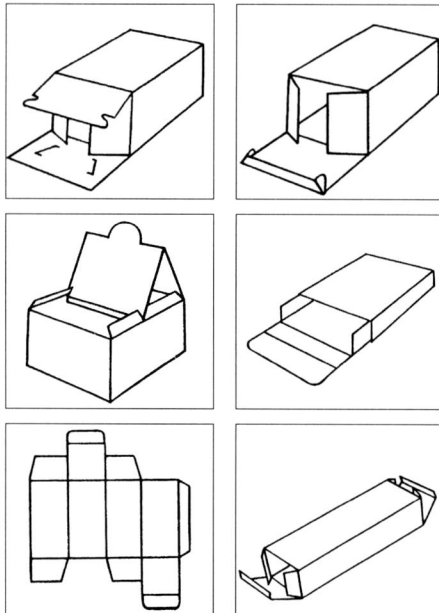

nach ihrer gelungenen Packung, aufschlußreiche Lehrbücher. Die „Modern Packaging Encyclopedia 1946-47" der New Yorker Packaging Catalog Corporation beinhaltete beispielsweise eine Liste von hundert Punkten, die ein Packungsentwerfer zu beachten hatte. Sie stellte sämtliche Fragen, die bei der Entscheidung zur Packung zu berücksichtigen waren: welche Konsistenz das Füllgut hat, welchen besonderen Schutz es braucht, welche Materialien und welche Form dafür geeignet wären, welche Maschinen zur Verfügung stehen, von welchen wirtschaftlichen Bedingungen man ausgehen muß, welcher Verbraucher in Frage kommt und wie der am besten anzusprechen sei und so weiter. Schließlich bediente man sich zusätzlich des Allerheilmittels „Statistik". Durch Marktforschung, Konsumentenbefragung, Motivforschung und Meinungsforschung – auch das schaute man sich beim „Big Brother" ab – verschaffte man sich ein Röntgenbild des Konsumenten, das nun als wesentlicher Beratungsfaktor auf den Plan trat.

■ WETTBEWERBE UND AUSSTELLUNGEN

All das war bisher intuitiv gelöst worden – oder auch nicht. Insofern hat sich auf dem Gebiet der Packungsgestaltung nicht viel geändert, man trat nun nur bewußter an die Probleme heran. Aber nach wie vor gab es eine Unzahl schlechter Packungsgestaltungen und nur wenige herausragende Beispiele. Dies bestätigen auch die Packungswettbewerbe, die seit den 50er Jahren aus dem Boden schossen und die ebenfalls ihr Vorbild in Amerika hatten. Doch bis zum heutigen Tage ist der Grundton der begleitenden Kommentare der gleiche. Die Jury-Mitglieder bringen stets ihren Unmut über die mangelnde Qualität auf breiter Ebene zum Ausdruck. Dennoch ist es wohl gerade auf solche Wettbewerbe, ihre Berichterstattung in internationalen Zeitschriften und die Einrichtung von Spezialfächern wie

Schemata für verschiedene Faltschachteln, aus einem Packungshandbuch von 1960: oben: mit Greifverschluß (li.) und mit Sperrverschluß (re.) Mitte: Gürtelfaltschachtel (li.) und Schiebefaltschachtel (re.) unten: mit Einsteckverschluß (Zuschnitt und Schachtel).

Einladungskarte zur Ausstellung „Die Schöne Hülle", Museum Bellerive Zürich, 1982

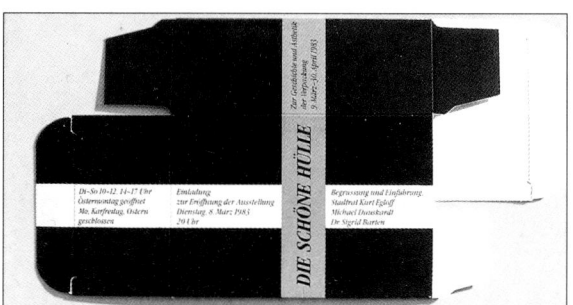

STUMME VERKÄUFER

"Kommunikations-Design" zurückzuführen, daß die Packungsgestalt nach dem Zweiten Weltkrieg weniger an künstlerischen "Stilen" orientiert ist, sondern sich Prinzipien bedient, die über Jahrzehnte hinweg grundsätzlich gültig blieben.

> Seit dem Aufkommen der Selbstbedienungsläden fällt der Packung die Aufgabe des früheren Verkäufers zu. In der Fachsprache bürgerte sich für sie die Bezeichnung "Stummer Verkäufer" ein. Diese "Stummen Verkäufer" zeichnen sich dadurch aus, daß ihre Vorderseite plakativ gestaltet ist und auf ihrer Rückseite (oder den übrigen Seiten) die speziellen Vorzüge des Produktes und seine Anwendung beschrieben sind.

Parallel zu Publikationen, Marktforschung und Wettbewerben zeigte sich auch ein gesteigertes Interesse für Packungsdesign und seine Geschichte in den Ausstellungen, die seit den vierziger Jahren vermehrt zum Thema Verpackung beitrugen. Selbst ihre Titel vermitteln eine gewisse Entwicklung im Bewußtsein für Verpackungen. Hießen sie 1940 noch einfach "Die Warnepackung" (Gewerbemuseum Basel) oder 1959 "The Package" (Museum of Modern Art, New York), so gibt man sich seit den achziger Jahren mehr Mühe, auch die Ausstellung "zu verpacken", wie 1982 "Die schöne Hülle" (Städtisches Museum Göttingen, anschließend Museum Bellerive, Zürich) – deren Einladungskarte für die Züricher Schau ein zusammengelegter Faltkarton mit entsprechender Beschriftung ist – oder 1987 "Reiz und Hülle" (Die Neue Sammlung, Staatliches Museum für angewandte Kunst, München).

■ DIE PACKUNG ALS "STUMMER VERKÄUFER"

Doch von diesen eher theoretischen Erscheinungen zurück zum Einkaufswagen. Welcher Situation sah sich der Durchschnittsverbraucher gegenübergestellt?

Nachdem die in Europa ansässigen Fabriken wieder aufgebaut waren und die Amerikaner mit ihrem Marshallplan die Wirtschaft wieder angekurbelt hatten, lief die Produktion auf Hochleistung. Sowohl eigene wie importierte Waren überschwemmten den deutschen Markt. Eine nie gekannte Konkurrenzsituation, die im Stapelregal des Selbstbedienungsladens noch weit stärker zum Tragen kam, mußte sich in irgendeiner Weise auf die Verpackung auswirken. Sie erhielt so die Aufgaben der früheren "Tante-Emma", das heißt, sie bot sich als "Stummer Verkäufer" dem Konsumenten selbst an.

Hierfür gab es mehrere Möglichkeiten: entweder eine ausgefallene Form und Gestaltung, eine eigens für das Produkt mitgelieferte individuelle Möglichkeit der Präsenta-

Flaschen für "taft" Haarspray, 1955 bis zu den 60er Jahren

ANSPRECHENDE DAMEN

Packung für Schwarzkopf-Shampoo, Anfang des 20. Jh.

tion oder eine Gestaltung unter Berücksichtigung der Reihung eines Produktes im Regal. Nach wie vor sind aber auch Markenname und Firmenmarke – sofern die als eindringliche Gestaltungselemente herangezogen werden – am „stummen Verkauf" beteiligt.

■ ANSPRECHENDE DAMEN

So brachte die Firma Schwarzkopf 1955 das erste Markenhaarspray in Deutschland auf den Markt, dessen Markenname über viele Jahre zum Synonym für Haarspray schlechthin wurde: „taft". Bei diesen ersten elegant geschwungenen weißen Sprayflaschen mit ihren schlicht-vornehmen goldenen Etiketten stand das Firmensignet und der Markenname „taft" im Vordergrund. Die Gestalt der Spraydose wurde mehrfach stark verändert, wobei man den Schriftzug des Markennamens nur geringfügig abwandelte. War die Firma mit dieser Neuheit unbestrittener Marktführer, so gab es doch im Lauf der Zeit für die traditionelleren Shampooprodukte bereits einige Konkurrenz.

Für sie suchte man daher ebenfalls eine den Anforderungen der Zeit angemessene Verpackung. Dabei baute man einerseits auf das seit 1905 gültige Warenzeichen des schwarzen Kopfes und andererseits gewissermaßen auf die beste „stumme Verkäuferin", die man sich für das Produkt denken konnte: die nämlich, die es selbst zu benutzen schien. Ihr Portrait hatte schon Ende der 40er Jahre die erzählende Bebilderung und die zu ausführliche Beschriftung verdrängt. Sukzessive war sie aus dem Schatten des schwarzen Kopfes herausgetreten und blickte zunächst einladend, schließlich aber geradezu auffordernd von der Verpackung herab die potentielle Käuferin an. Ja selbst die Absatzquote des Verkaufsschlagers „taft" sollte schließlich durch eine solche stumme Anbieterin gesichert werden.
Das Prinzip der ansprechenden Dame, das auch bei Persil-65 angewandt wurde, wurde im Lauf der Zeit zwar immer seltener, da Plakat- und Fernsehwerbung ihre Aufgaben übernehmen, ist aber bis heute bisweilen auf Verpackungen anzutreffen.

Verschiedene Packungen für Shampoos von Schwarzkopf, Anfang bis Mitte des 20. Jh.

MÄRCHENTANTEN

■ DIE PACKUNG ALS „MÄRCHENTANTE"

Eine gerade in den fünfziger Jahren bevorzugte Verkaufsstrategie stellen die Packungen dar, die eine Geschichte erzählen. Dabei bedienen sich die Gestalter zumeist eines karrikaturhaften Stiles, wie man ihn von Buchillustrationen dieser Zeit kennt. Jedoch ist es keinesfalls zwingend, daß die Geschichten nun direkt etwas über den Inhalt erzählen. Wenn beispielsweise auf einer Packung für Damenhandschuhe ein küssendes Paar herzförmig von zwei Handschuhen umrahmt wird, spielt das auf eine Romanze an, die nicht notwendig in Abhängigkeit von Handschuhen steht. Da Wasser bekanntlich zum Waschen da ist (Lieder mit solchen banalen Textchen gab es ja gerne mal in den Fünfzigern), ist es natürlich naheliegend, Seife damit in Verbindung zu bringen. Aber es muß schon eine romantische Erinnerung geweckt werden, zumal in dieser Zeit. Was war da passender, als von Venedig zu schwärmen, der Stadt des Wassers, die damals auf der Urlaubshitliste ganz oben stand. Aber auch der vielbesungene „Old Man River" und seine Schaufelraddampfer waren immer für eine „Seifenoper" nach Südstaaten-Zuschnitt geeignet, selbst auf die Gefahr hin, daß man mit dem Boot das bevorzugte Badewannen-Spielzeug in Verbindung bringen konnte. Näckische Täschchenpackungen mit dergleichen Bildern sorgten auf jeden Fall für Aufmerksamkeit, auch wenn sie ebenfalls eher an Kinderspielzeug erinnerten, als an Luxus-Seife.

Wasser kann aber auch noch andere Geschichten erzählen, zum Beispiel die der süßen kleinen Meerjungfrau, die niemals anders als zierlich dargestellt wurde. Wer anders also könnte besser als Vorbild für all diejenigen dienen, die sich dem zeitgenössischen Ideal der Wespentaille verschrieben hatten, aber auf Süßes nicht verzichten wollten und daher zu „Low Calorie" greifen mußten?

Fast schon eine „Bildergeschichte" stellt die Packung für das Kinder-Beruhigungsmittel „Serpasil" dar, die damals in verschiedenen Zeitschriften und Lehrbüchern als vorbildhafte Lösung vorgestellt wurde. Kinder- aber auch ruheliebende Eltern konnten an dieser „schreienden" Packung sicher nicht vorbeigehen, ohne von der Erinnerung an eher nervtötende als romantische Nächte durchzuckt zu werden. Auf bildhafte Weise, nach dem Prinzip des „Vorher – Nachher", versprach hier die Packung Abhilfe: Zog der Käufer die innere Schachtel an der Lasche heraus, grinste ihm ein zufriedenes Kind entgegen. Gutgelaunt ins Bett gesteckt, würde es sicher vom Ende der Gutenachtgeschichte nichts mehr mitbekommen.

■ TEXTILE MUSTER FÜR PRODUKTE MIT KLASSISCHEM ANSPRUCH

In den 50er und 60er Jahren griffen Designer gerne auf die Imitation textiler Muster zurück, wenn es um die Packungsgestaltungen von Produkten mit klassischem Image

Packung für ein Kinderberuhigungsmittel von Ciba; J.Folgeman, L.H.Zahn, H.Zelenko, Mitte 50er Jahre

TEXTILE MUSTER

ging. So ist die Weste ein Kleidungsstück, das noch heute den Ruf vornehmen Understatements genießt. Die Mitte der 50er Jahre entworfene Verpackung für eine Weste aus irischem Leinen verrät schon über ihre durchdachte Form als Tragepackung ihre vornehme Herkunft. Unterstrichen wird dies durch ihren textilen Fond, der nun zugleich das Material „Leinen", durch das sich diese spezifische Westenmarke auszeichnete, gestalterisch wiedergibt. Noch deutlicher wird der Inhalt dadurch dargestellt, da man beim Aufdruck des distinguierten Herrn mit „Bowlerhat and Umbrella" die Weste ausgespart hatte, so daß hier der imitierte „Leinenstoff" des Fonds durchscheint. Es mußte aber nicht immer tatsächlich ein Produkt aus Stoff sein, auf das man mit einer textilen Gestaltung hinwies. Häufig wurde diese Gestaltung gewählt, um den besonderen Wert der Ware und ihre Herkunft aus traditionsreichem Haus hervorzuheben. Aus eben jenem Bewegrund heraus sind sowohl die Etiketten des Flakons, als auch die Packung des Parfums „Diorissimo" von Christian Dior mit grafisch-textiler Struktur bedruckt. Unterstrichen wird die Herkunft noch dadurch, daß hier nicht irgendein Stoffdesign als

Vorlage gedient hat, sondern das schwarz-weiße Hahnentrittmuster, der Inbegriff eines klassisch-eleganten Stoffes, den Dior in dieser Zeit auch bei seinen Kostümen verarbeitete. Somit ist natürlich auch zugleich die eigentliche Branche des Hauses Dior zum Ausdruck gebracht.

Das gleiche Stoffmuster – einheitlich und als Karo gewebt – war auch als Vorbild für den textilen Streifen auf den Tuben verschiedener Haarpflegemittel der Firma Avon. Dabei kennzeichnet das Stoffmuster als solches übergreifend die gesamte Serie, seine unterschiedlichen Variationen hingegen das jeweilige Produkt der Serie.

Mit diesem Design ist man bei Avon, noch weiter als bei Dior, vom Inhalt oder seiner Herkunft entfernt. Dennoch ist die textile Gestaltung keinesfalls abwegig oder aus der Luft gegriffen. Hier nämlich spielen sowohl der Produktname als auch die auf ihn abgestimmte Gestaltung mit dem englischen Wort für Frisör: mit „Hairdresser". Das Mittel „Hairdress" wurde als vornehmes, vom Schneider zugeschnittenes und angepaßtes „Kostüm" für die Haare angeboten.

„Hairdress", entworfen von Seymour Kent (ca.1965), gehörte zu den ausgewählten Produktpackungen des „Wal-

Tragepackung für eine Herrenweste aus irischem Leinen Kenneth Lamble, Mitte 50er Jahre

Packung für „Miss Dior" Parfum von Christian Dior, 50er Jahre

Tuben für eine Haarpflegeserie von Avon; Seymour Kent, 60er Jahre

NEUE FORMEN

ter Paepcke Design Award and Scholarship Program" von 1966, das Mitte der 60er Jahre von der „Container Corporation of America" ins Leben gerufen worden war. Die „Container Corporation of America" ist eine der bereits angesprochenen vielen Vereinigungen, die (ausgehend von Amerika) seit den 50er Jahren eine internationale Verbreitung fanden. Sie hatten es sich zur Aufgabe gemacht, die allgemeine Qualität

> Die „Container Corporation of America" ist eine von den sich stark verbreitenden Institutionen, die seit dem Ende der vierziger Jahre in Amerika aus dem Boden schossen. Sie wurde von Walter Paepcke gegründet, dem zu Ehren man das seit Mitte der 60er Jahre veranstaltete Wettbewerbsprogramm „Walter Paepcke Design Award and Scholarship Programm" taufte. Ziel dieser Aktivitäten war es, das Design-Niveau im amerikanischen Packungswesen auf breiter Ebene zu heben. Packungen, die durch diese Jurys ausgezeichnet wurden, waren bald auch für die Kollegen in Europa vorbildhaft.

des Verpackungsdesigns durch regelmäßige Veranstaltung von Wettbewerben, durch entsprechende Publikationen oder durch andere Aktivitäten zu verbessern. Zu diesen Aktivitäten gehörte auch das Auszeichnungs- und Lehrprogramm, das nach dem Gründer der "Container Corporation of America", Walter Paepcke, benannt wurde.

■ NEUE IDEEN FÜR PACKUNGSFORMEN

Der technologische Fortschritt, der nach dem Zweiten Weltkrieg eingesetzt hatte, brachte auch eine ganze Reihe neuer Realisierungsmöglichkeiten auf dem Gebiet der Verpackungsformen mit sich. Verbesserte Maschinen konnten kompliziertere Faltvorgänge für Kartonpackungen übernehmen. Neue Verfahren für die Verarbeitung von Plastik machten es möglich, selbst die kompliziertesten Formen zu einem bezahlbaren Preis herzustellen. Die Industrie griff natürlich schnell solche Möglichkeiten auf, denn mit ausgefallenen Verpackungsformen konnte man bestens auf sich aufmerksam machen. Da aber von der Norm abweichende Formen in der Regel die ökonomischen Anforderungen einer Verpackung, platzsparend und stapelbar zu sein, nicht erfüllen können, wurden diese Verpackungen häufig nur als Anreiz zum Kauf eines herkömmlich verpackten Produktes hergestellt und im kleineren Bereich vertrieben.

Hierfür entschied sich die amerikanische Arzneimittelfirma Upjohn. Sie verpackte das Ärztemuster ihres Kinder-Vitaminpräparates in Plastikschiffchen, das nach Herausnehmen der Tropfenflasche sofort zum Badewannen- oder Pfützen-Stapellauf bereit war. Die großen Kinderaugen, die ja einen besonders guten Blick für wiederverwendbare Kostbarkeiten haben, sollten den Müttern die Entscheidung zum Kauf eines Konkurrenzpräparates erschweren.

Die Formdesigner berücksichtigten jedoch nicht nur die Phantasien oder den Spieltrieb von Kindern. Auch Erwachsene sind ja durchaus empfänglich für praktische verwendbare Formen.

So entwickelten zwei deutsche Entwerfer eine Verpackung für Mayonnaise, die gleichermaßen auffällig wie praktikabel war. Da Mayonnaise im wesentlichen aus Ei besteht, war es naheliegend, dessen Form und Farbe

WEGWERFVERPACKUNGEN

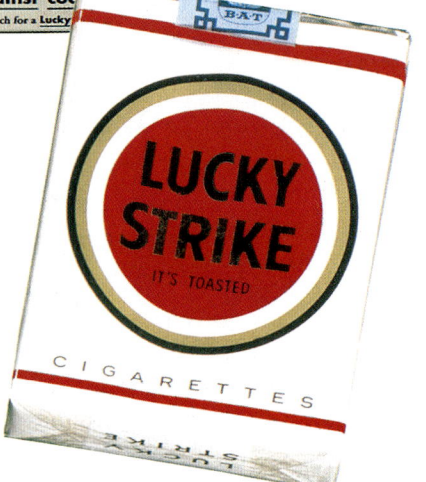

igelfömigen Drapperien aus Radieschen, Oliven, Gürkchen und anderem Gemüse auszeichnet.

Neben diesem Sinn für wiederverwertbare Verpackungen reifte in jener mehr und mehr schnellebigen Zeit das Bewußtsein für Wegwerfartikel heran. Es entstanden Packungen, die eigens unter diesem Aspekt entwickelt worden waren und als „Fortwerfpackungen" geradezu angepriesen wurden. Dazu gehörte auch die eng mit Schulhof-Erinnerungen verbundene, aber heute fast in Vergessenheit geratene, „Tetraeder-Packung". Aus Gründen der Hygiene eignete sich diese Wegwerfpackung besonders für Milchprodukte. Ihr für die Verpackung zum Vorbild zu nehmen. Der Behälter aus Milchglas mit Plastikdeckel ist wegen seiner Eigestalt sowohl Blickfang als auch „stummer Verkäufer", indem er allein durch seine Form etwas über den Inhalt aussagt. Da er wieder verschließbar war, bot er eine haltbare, hygienische Aufbewahrungsmöglichkeit und darüber hinaus konnte er sich durchaus auf einem Party-Buffet sehen lassen, das sich – wie in dieser Zeit bevorzugt – durch Häppchen in Herz-, Stern- oder Fischformen und

Werbung für Lucky-Strike-Zigaretten von 1930 und die von Raymond Loewy 1940/42 modernisierte Packung

praktisches Herstellungsverfahren (die flache geklebte Tüte erhält allein durch eine um neunzig Grad gedrehte Verschließung der zwei Seiten ihre dreidimensionale Form) wurde Mitte der 50er Jahre patentiert. Sie wurde durch die heute übliche Milchtüte, die sich weit besser stapeln läßt, verdrängt.

Die Verpackung zerbrechlicher Güter stellte die Designer vor ganz eigene, heikle Probleme. Um Glas oder Porzellan vor Bruch zu schützen, konnte man natürlich jedes einzelne Teil einwickeln und in Kisten verstauen. Eine attraktive Lösung war das jedoch keinesfalls. Raymond Loewy fand hierfür eine äußerst schlüssige Möglichkeit. Loewy, der Mann, der mit seinen Entwürfen das gesamte Design der 50er und 60er Jahre nachhaltig prägte, war ja vor allem durch seine „Modernisierung" der Zigarettenpackung für „Lucky Strike" bekannt, mit der er bewiesen hatte, daß oft nur minimale Eingriffe nötig sind, eine Packungsgestaltung zu aktualisieren.

Bei seiner Packung für „Lucent Dinerware" spielt neben der äußeren Gestaltung vor allem die innere Konstruktion eine wichtige Rolle. Durch ein kompliziertes Faltverfahren, das den Karton in einzelne Zellen von unterschiedlicher, den Geschirrteilen angepaßter Größe aufteilt, machte Loewy es möglich, auf schützendes Einwickelpapier vollständig zu verzichten. Zugleich erreichte er damit eine Kompaktheit, die weiteren Aspekten Raum bot: geöffnet stellt sich der Karton wie ein Schaukasten dar, geschlossen ist er als tragbarer „Koffer" praktisch handhabbar und ersetzt damit zugleich die werbende Einkaufstüte. Auch die grafische Gestaltung orientiert sich am System der Packung und ist in ihrer Schlichtheit typisch für Loewy. Die vertikal aufgeteilte, zweifarbige Raute deutet als optisches Zeichen die Aufteilung des Koffers in zwei Hälften an. Als pfeilgerichtete Dreiecke weisen die beiden Hälften an der Seite des Kartons auf die Öffnung hin, und rahmen zugleich im geöffneten Zustand den Schaukasten des Inneren.

Natürlich gehörte diese gelungene Lösung zu den Entwürfen, die von der Jury des „Package Designers Council" 1957 prämiert wurden. Das „Package Designers Council" hatte in diesem dritten Wettbewerb bereits seine Wertmaßstäbe erneuert. Die Jury, bestehend aus Vertretern aus Industrie, Werbung und Handel sowie aus dem technischen Bereich der Verpackungsindustrie, beurteilte die eingereichten Entwürfe unter vier Aspekten: wie gelungen ist die Idee des Entwurfes und wie seine Ausführung, wie kann er sich im Handel durchsetzen und wie wirkt er auf den

---

> Das „Package Designers Council" wurde 1952 in New York mit dem Ziel gegründet, durch jährliche, internationale Wettbewerbe (die allderings weit seltener als jählich stattfanden) das Interesse der Geschäftswelt auf die Packung und deren wirtschaftliche Nutzbarkeit zu lenken. Die Jury setzte sich zusammen aus Vertretern aus Industrie, Handel, Werbung und Technik. Ihre Bewertung orientierte sich an vier Kategorien: optische Erscheinung, technische Realisierbarkeit, Einsetzbarkeit im Handel und Wirksamkeit auf den Verbraucher.

RENAISSANCE SCHLICHTER UMRISSFORMEN

Verbraucher. Wettbewerbe dieser Art, bei denen auch die technische Ausführung beachtet wurde, sowie die voranschreitende technologische Weiterentwicklung, die entsprechende Realisierungsmöglichkeiten bot, setzten natürlich neue Maßstäbe: die Packungsgestalter lieferten Lösungen mit immer größerer Raffinesse.

Besonders in Firmen, die sich eine eigene Abteilung leisteten, in der ausschließlich dergleichen Problemlösungen erforscht wurden, brachten außergewöhnliche Ergebnisse, wie der Pharmakonzern Ciba in Summit, New Jersey. Unter der Regie der beiden „Art Directors" J. K. Folgeman und Jack Marmaras entwarf der Company-Designer Jürg Schaub 1956 eine Tablettenpackung, die schon drei Jahre später in einer Packungsausstellung im Museum of Modern Art in New York gezeigt wurde.

Seine Packung für „Ritalin"-Tabletten war überhaupt erst durch die umfassenden technologischen Neuerungen in der plastikverarbeiten den Industrie möglich geworden. Sie zeichnet sich vor allem durch ihr ausgeklügeltes Dosierungssystem aus.

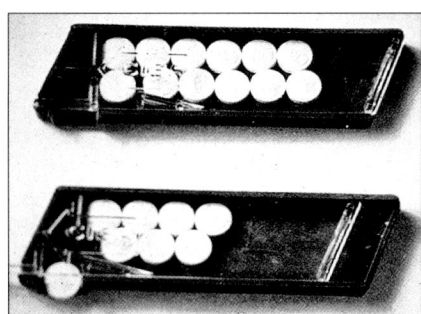

Nach einem Vorbild aus der Natur, liegen die Tabletten in der Plastikhülse, wie Erbsen in der Schote. Der durchsichtige Schiebe-Deckel, durch den die zwei versetzt angeordneten Tablettenreihen sichtbar werden, gibt beim Verschieben nur eine kleine Öffnung frei, durch die immer nur jeweils eine Tablette entnommen werden kann. Dadurch bleiben einerseits die übrigen Tabletten geschützt, andererseits gewährleistet dieses System eine bessere Kontrolle über die Einnahmemenge. So aufwendig die Packung in ihrer Konstruktion ist, so klar ist sie in ihrem Umriß, in ihrer äußeren Form. Das vor allem sollte mehr und mehr Entwürfe verdrängen, die durch ungewöhnliche Formgebungen die Aufmerksamkeit der Verbraucher auf sich lenken wollten. Der große Nachteil solcher Packungen ist schnell ersichtlich, eignen sie sich doch nur selten für Versand und Regallagerung. Die notwendig gewordene platzsparende Regallagerung forderte Lösungen anderer Art. Es mußten Möglichkeiten gefunden werden, unter Beibehaltung einer klaren Umrißform innerhalb der eintönigen Reihung klingende Akzente zu setzen.

Schiebedispenser für „Ritalin"-Tabletten von Ciba; Jürg Schaub (J.K. Folgeman/ J. Marmaras), 1956.

„POINT OF SALE" UND DISPLAY

Hüllpapier für eine Pralinenpackung nach dem System des „Unendlich-Plakates"; L. Haack (Kunstgewerbeschule Barmen), um 1919

Für dergleichen Lösungen fand man in den 50er Jahren die Begriffe „Point of Sale" oder Display. Sie können sich einer-

> Der Begriff „Point of Sale" kennzeichnet Packungen, deren Gestaltung auf eine Präsentation in größeren Mengen ausgerichtet ist. Sie kann sich entweder durch eine auffällige Reihung (auch bei Integration in Supermarkt-Regale) herausheben, oder durch einen eigenen Präsentationsaufbau, „Display" genannt, der zugleich auch Umverpackung sein kann. Vor allem letztere Form orientiert sich in ihrer Gestaltung an den Anforderungen, die das Werbeplakat erfüllt.

seits in eine Regalreihung eingliedern, andererseits aber auch durch eigene Präsentationsaufbauten entweder ganz aus dem Regal herauslösen oder innerhalb des Regales eine eigene Konstellation besitzen.
Da die Konservendose als solche wenig formale Konstellationsmöglichkeiten in sich birgt und die Dosen sich ja grundsätzlich alle sehr gleichen, bietet sich hier nur eine Hervorhebung zusammengehöriger Marken und Sorten über die grafische Gestaltung der Etiketten an.
Die beiden Designer W.M. de Majo und F.H.K. Henrion entwickelten Mitte der 50er Jahre für die Suppenkonserven der Firma Newforge eine Etikettengestaltung, die eine endlos laufende Reihung der Dosen gewährleistet. Die jeweilige Suppensorte symbolisierten sie durch entsprechende Tierbilder, die so auf dem Etikett plaziert wurden, daß sie, aneinandergereiht, ein einheitliches Bild ergaben. Ja sie schienen geradezu über die Dosen hinwegzu laufen und machten erst vor denen der Konkurrenz halt. Auf diese Weise hoben sie sich aus dem Regal als Gruppe hervor und erregten damit die Aufmerksamkeit des potentiellen Käufers.
Solch eine Art der Gestaltung war durchaus nicht neu. Eine frühe Form gab es bereits im ersten Jahrzehnt dieses Jahrhunderts, setzte sich aber nicht durch, da derglei-

Konservendosen für Suppen von Newforge im endlosen Raport; W.M. de Majo / F.H.K. Henrion, Mitte 50er Jahre

POINT OF SALE

chen „Endlos-Packungen" noch nicht die Notwendigkeit besaßen, die sie mit Aufkommen der Supermärkte und ihrer Regallagerung erhielten. Diese Packungsgestaltung stammte von L. Haack, einem ansonsten unbekannten Schüler der Kunstgewerbeschule Barmen. Er entwarf bereits 1919 ein Hüllpapier für eine Süßwarenpackung von Stollwerck nach dem System des „Unendlich-Plakates", wie diese Gestaltungsweise damals genannt wurde. Hier sind es kleine „Zinnsoldaten", die im unendlichen, scheinbar ornamentalen Raport über die Packungen hinwegmarschieren.

Ein ähnliches Prinzip liegt den von Milton Glaser 1969 entworfenen Packungen für „Sobranie" Zigaretten zugrunde, die zugleich zu den wenigen herausragenden Beispielen zählen, in denen sich die zeitgenössische Kunstrichtung der Pop-art spiegelte. Diese Packungen fügen sich jedoch nicht endlos zusammen. Es sind immer nur zwei Packungen, die vom Bild her spiegelverkehrt zusammenpassen und im Wortsinn ein „Paar" werden können.

Für solche übergreifenden Gestaltungen eignen sich jedoch nicht nur Bilder. Diesen Beweis lieferte das New Yorker Designer-Duo Chermayeff & Geismar. Sie realisierten eine Endlospackung allein mit typografischen Mitteln. Darüber hinaus berücksichtigten sie dabei auf hervorragende Weise die Aufgaben der „Stummen Verkäufer": Durch den Aufruf „WASH UP!" sprachen sie geradezu lautstark den Käufer der „Saubermann-Zeit" an, sich der feuchten Toilettentücher zu bedienen, die er ja wegen ihrer praktischen feuchtigkeitsbewahrenden Abpackung in kleinen Tütchen jederzeit mit sich nehmen konnte. Wie die einzelnen Tütchen, so ist auch deren Packung gestaltet, die erst in der Zusammenstellung ihren kompletten Markennamen preisgibt. Die Kartonumverpackung, mit jeweils zwölf Päckchen, diente nicht nur als Versandpackung, sondern ermöglichte zugleich eine eigene Präsentation, herausgelöst aus dem Regal der Massenprodukte.

Diese Packung war außergewöhnlich, ja geradezu revolutionär, wie man das im Vergleich mit den anderen Beispielen dieser Zeit sehen kann. Nicht umsonst wurde sie auf der Packungsausstellung des Museum of Modern Art in New York 1959 gezeigt und 1966 von der Jury des „Walter Paepcke

Kartonpackungen (Display und Einzelpackungen) für feuchte Toilett-Tücher „Wash Up!"; Chermayeff & Geismar, 1959

REIHUNG

Streichholz-schachteln für Merian; Mendell & Oberer, 1992

Kaffee-Tüten für „il caffé"; Gianni Bortolotti, 1982

Design Award" ausgezeichnet. Ihr weitreichender Erfolg ist vor allem auch daran ablesbar, daß dieses Gestaltungsprinzip viele Nachfolger hatte.

So entwarf Gianni Bortolotti in eben jener Tradition 1982 eine Kaffee-Packung, die sich mit ihrer sachlichen, typografischen Gestaltung wie kaum eine andere aus der Menge der Konkurrenzmarken heraushebt. Wie bei „WASH UP!" ist hier der Produktname „il caffé", der zugleich auch Marken- und Firmenname ist, dergestalt übergreifend auf die Packungsseiten gedruckt, daß er sich sowohl in der frontalen als auch der seitlichen und sogar der diagonalen Reihung jeweils wieder zum vollständigen Namen ergänzt.

Der gleiche Gestaltungsgedanke liegt auch den Streichholzschachteln zugrunde, die für die Merian-Reiseführer werben.

1992 wurden sie vom Münchner Designstudio Mendell & Oberer entworfen.

Hier jedoch ist die übergreifende Gestaltung nicht mittels der Typografie, sondern bildhaft gelöst. Dem Spezialgebiet des Verlages entsprechend, der Journale zu Städten und Ländern der ganzen Welt herausgibt, können diese Streichholzschachteln zu einer bunten Weltkarte zusammengesetzt werden, auf der die verschiedenen Länder farblich voneinander unterschieden sind. Die einzelnen Schachteln repräsentieren so in gewisser Weise die einzelnen Merian-Hefte. Erst eine größere Stückzahl gewährleistet den „Überblick" über die Welt.

Die andere Variante des „Point of Sale" ist das Display, das gestalterisch in sich geschlossene Einzelpackungen durch eine entsprechende Umverpackung oder einen Präsentationsaufbau zu einem einheitlichen Ganzen zusammenfügt. Dabei ist die Umverpackung oft gleichzeitig auch der Prä-

DISPLAY

sentationsaufbau. Die schulemachenden Beispiele der fünfziger Jahre sind allseits vertraut. Jeder kennt die aufmunternd grinsenden Pappfiguren mit ihren vorgehaltenen Bauchläden, in denen sie ihre jeweils passenden Produkte anboten. Später wurden diese Aufbauten nüchterner, aber nicht unbedingt einfacher. Da sie eine unabhängige Form der Einzelpackungen gewährleisten, eignen sich solche Präsentationskartons vor allem für ausgefallene Packungen, die sich sonst nur schwerlich in ein Stapelsystem eingliedern ließen.

Dies wird besonders deutlich bei der Ausstellungspackung für „Washable Lint Remover" von Dean Smith und William Whitley, die ihnen 1968 eine Goldmedaille für Packungsdesign einbrachte. Die ausgefallenen Verschlußkappen der einzelnen Tuben ließ nur wenige Aufstellungsmöglichkeiten zu. Abhilfe leistete hier der gestaltete Karton, durch dessen Präsentation die Verschlußkappen in ihrer Zusammenstellung um so mehr zur Geltung kommen konnten.

Gerade für kleinere Artikel, oder solche, die nicht genügend eigene Standfläche besitzen, um selbst aufgestellt werden zu können, bietet sich die Lösung eines eigenen Präsentationssystems an, das heute von den meisten Firmen gleich mit der Ware mitgeliefert wird. Das gilt in besonderem Maße für die Hersteller von Schreibgeräten, da man bei Kugelschreibern oder Füllfederhaltern auf eine großflächige Präsentationsform angewiesen ist. Die Firma Lamy hatte sich schon in den 60er Jahren ein einheitliches Erscheinungsbild gegeben. Nach den Regeln der „Corporate Identity" schloß das natürlich die dem Image angepaßte Präsentation der Produkte mit ein. Es war naheliegend, daß diese Gestaltung zugleich vom Produktdesigner mit übernommen wurde. So entwickelte Gerd A. Müller, der Entwerfer der Lamy 2000 Serie, 1966 auch das Schaufenster-Display für diese und später auch für nachfolgende Serien. Die farbliche Reduktion auf Schwarz, Weiß und Silbergrau hebt die Produkte bis heute aus der farbigen Masse heraus. Dafür sorgten schließlich auch eine Reihe großangelegter stationärer Dekosysteme und Displays, mit denen die Firma den Fachhandel versorgte. Sie brachten die jeweilige Preisklasse der Produkte zum Ausdruck, ohne vom einheitlichen Er-

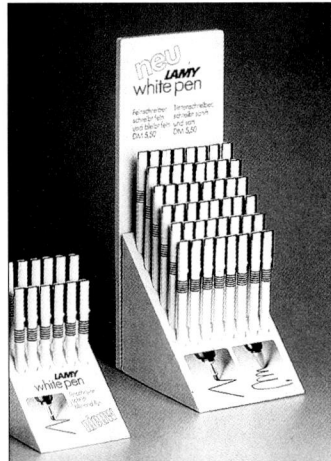

Display für den Lamy white pen; Wolfgang Fabian, 1982

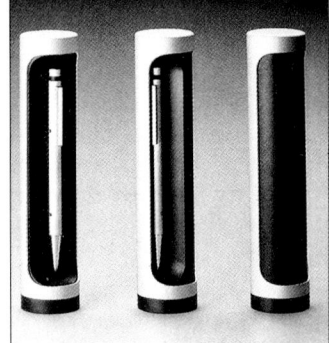

Kontainer für den Lamy cp1, schützende Packung, Kleindisplay und Geschenkverpackung in einem; Gerd A. Müller, 1974

MODERNE KARTONPACKUNG

scheinungsbild abzuweichen. So wurden der Firma seit den 70er Jahren verschiedene internationale Auszeichnungen sowohl für das Produkt- als auch für das gesamte Kommunikationsdesign verliehen.

> Der „Eurostar" ist ein internationaler Wettbewerb, der seit 1958 von der „European Packaging Federation" veranstaltet wird. Die Jury urteilt nach den üblichen Wertmaßstäben – Idee, Ausführung, technologische Realisierbarkeit, Praktikabilität im Handel, Werbekraft, Verbraucherfreundlichkeit und mittlerweile auch Umweltfreundlichkeit. *Teilnahmeberechtigt sind jedoch nur diejenigen, die zuvor bei einem nationalen Wettbewerb ausgezeichnet wurden.*

Auch die Einzelpackungen paßten sich in dieses vornehmlich futuristisch anmutende Design ein, wobei sie häufig mehrere Aufgaben zugleich erfüllten. So ist die Packung für die Schreibgeräte des Lamy cp1 Programms – die etwas an eine Fahrstuhlkonstruktion à la James Bond erinnert – schützender Container, Kleindisplay und Geschenkverpackung in einem. War sie dem Trend der 70er und frühen 80er Jahre entsprechend noch aus Plastik hergestellt worden, so orientiert sich Lamy heute, wie viele andere Firmen mittlerweile auch, an ökologischen Gesichtspunkten. Seit 1993 verwendet die Firma ausschließlich Geschenketuis aus Karton, die aufgrund ihres durchdachten Faltsystems fast vollständig auf Klebstoffe verzichten können. Daß Verpackungen nach umweltfreundlichen Maßgaben keineswegs mit Nachteilen verbunden sein müssen (wie das oft gerne von Gegnern der Öko-Welle ins Feld geführt wird), beweist der Zuspruch der Händler, die eine bessere Lagerungsmöglichkeit gegenüber herkömmlichen Verpackungen feststellen konnten. Da diese Packung den unterschiedlichen Anforderungen gerecht wird, erhielt sie 1992 beim „Wettbewerb umweltfreundlicher Produkte-Lösungen für das Verpackungsproblem" vom Bundesumweltministerium eine der acht Siegerauszeichnung und wurde sogar auf internationaler Ebene von der „European Packaging Federation" mit dem „Eurostar"

Umweltfreundliche Geschenketuis aus Pappe für Lamy Schreibgeräte, 1993

VERPACKUNGSARCHITEKTUREN

Display für Jil Sander Kosmetikserien; Peter Schmidt Studios, 80er Jahre

ausgezeichnet. Wie eng heute die umfassende Produktpräsentation mit der „Corporate Identity" eines Unternehmens zusammenhängt, läßt sich auch am Beispiel der Firma Jil Sander nachvollziehen, für deren Unternehmensbild zwei Hamburger Designagenturen verantwortlich sind: Peter Schmidt, der für die Verpackungen zuständig ist und vor allem auch den Namenszug JIL SANDER entworfen hat, und Scholz & Friends, deren Arbeitsgebiet die Werbung ist. Auch diese Verpackungsserien wurden vielfach mit Preisen ausgezeichnet, so beispielsweise vom „Art Directors Club für Deutschland" und auch vom „Art Directors Club of New York" (Bronze und Goldmedaillen).

Wie bei Lamy ist der Firmenname JIL SANDER als Firmenmarke aufgefaßt und ist prägend für die gesamte Verpackungsgestaltung. Durch diese Dominanz wurde er geradezu identisch mit den Produkten, deren Namen eher im Hintergrund stehen. Die konsequent sachliche Gestaltung der Packungen, die den Markennamen zusätzlich hervorheben, wiederholt sich in den formal schlichten Displays. Sie fassen die Packungen der verschiedenen Produktserien zu jeweils einheitlichen kleinen „Packungs-Landschaften" oder „Packungs-Architekturen" zusammen.

Der „Art Directors Club", ausgehend vom „Art Directors Club of New York", der seit den 50er Jahren besteht, ist eine Vereinigung, die sich in mehreren Ländern zusammengefunden hat – so auch in Deutschland. Seine Aktivitäten beschränken sich nicht nur auf Wettbewerbe, deren Gewinner mit Gold-, Silber- oder Bronzemedaillen oder dem Sonderpreis „Evergreen" (für langlebige Werbekampagnen) ausgezeichnet werden. Der ADC befaßt sich auch mit der Publikation von Jahrbüchern, in denen jeweils die besten Entwürfe des Jahres vorgestellt werden. Beurteilt werden jedoch nicht nur Packungen, sondern Entwürfe aus sämtlichen Sparten des Kommunikationsdesigns, wie Foto, Plakat, Filmwerbung oder auch Bucheinbände etc.

GESTALTERISCHE EINHEIT
UND FARBLICHE DIFFERENZIERUNG

Zwei farblich charakterisierte Haarkosmetikserien von Schwarzkopf, Anfang der 90er Jahre

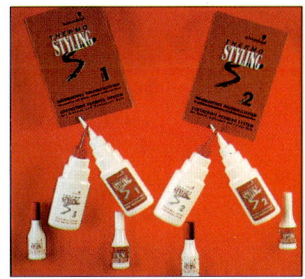

Bei einer Packungsgestaltung, die dem einheitlichen Firmenbild die absolute Präferenz einräumt, spielt die Farbgebung als unmittelbares Unterscheidungskriterium für Produktserien, Marken oder Sorten des gleichen Hauses eine umso größere Rolle. Die Serien von Jil Sander sind oft nur durch Farbnuancen kenntlich gemacht. Bei den Packungen für die Damen-Kosmetik überwiegen hellere Töne – das klassische Weiß, oder zarte, weißabgestufte Farben –, bei denen für Herren-Kosmetik (ebenfalls neben Weiß) dunkle Farbtöne, bis hin zum kräftigen Rot. In der Kosmetik-Branche wird oft auf die Farben zurückgegriffen, die den Charakter vermitteln können, der mit der Produktnote in Verbindung gebracht wird. So sind beispielsweise auch die verschiedenen Noten der „Styling"-Serie von Schwarzkopf sowohl durch den Namen, als auch durch ihre farbliche Gestaltung charakterisiert: das warme Rot wird mit „Termo" in Verbindung gesetzt, das frische Blau mit „Vital". Farbliche Kennzeichnungen können aber auch gewissermaßen doppelt auftreten, dann nämlich, wenn ein Markenartikel von Haus aus eine eigene Farbe besitzt, dessen Sorten aber noch unterschieden werden sollen.

Ein Beispiel hierfür ist die geradezu mit „Lila" gleichgesetzte Schokoladenmarke „Milka" von Suchard, deren Packungen heute – nach Vorgabe des traditionellen Erscheinungsbildes – ebenfalls (wie Jil Sander) von Peter Schmidt entworfen werden. Da gerade Schokoladen besonders gern im Display angeboten werden, wo sie einheitlich zusammengestellt sind, ist es für den Verbraucher von großem Nutzen, die unterschiedlichen Sorten durch entsprechende Farbakzente schneller erkennen zu können.

Für die Geschmacksrichtungen im Bereich

Display für Milka Schokolade von Suchard; Peter Schmidt Studios, um 1990

FARBE

der Süßwarenartikel haben sich schon lange bestimmte Farben eingebürgert, so daß man hier schon von psychologischer Farbgebung sprechen darf, da die sinnliche Wahrnehmung von Geschmack und Farbe als Einheit verstanden wird. Dabei müssen die Designer auf der Suche nach Farben für neuentwickelte Geschmacksrichtungen immer findiger werden. Die Klassiker sind schnell erkannt: Blau steht immer für Vollmilch, Grün für alles, was mit Haselnüssen zu tun hat, Braun für die herbe Geschmacksrichtung Mokka und Braunabstufungen für das mildere Aroma von Cappucino, Minzgrün natürlich immer für Minzegeschmack, Rot für Erdbeeraroma und gelbliche Töne für entsprechend hellfarbige Füllungen oder weiße Schokolade.

Nicht immer aber kann man solchen Charakterisierungen trauen, denn manchmal gibt es Bedingungen anderer Art, die Präferenzen haben. Man denke da an die „Ritter Sport" Schokolade. Im Unterschied zu „Milka" oder „Alpia" sind hier die Packungen nicht durch eine einheitliche Farbe gekennzeichnet, sondern durch die, der quadratischen Firmenmarke angepaßte, quadratische Tafel. Diese unverwechselbare Form macht es möglich, daß die Packungen der jeweiligen Sorten ganz unterschiedliche Farben haben können, ohne ihre Einheitlichkeit zu verlieren. Dadurch muß allerdings bei der Wahl der Sortenfarbe beachtet werden, wie sie auf der größeren Fläche wirkt: hier also kann es zu ganz anderen Entscheidungen kommen. Bei Ritter Sport ist also die Packung „Voll-Nuss" braun (die vollen Nüsse zeigend) statt grün, weil nämlich die „Haselnuß" schon grün ist; daher muß auch für „Nougat" eine andere Farbe gesucht werden, Dunkelblau. Für „Marzipan" steht nun ein kräftiges Rot im Unterschied zum „Weinrot" für „Zartbitter" und so weiter.

Natürlich gibt es nicht nur für süße Aromen charakterisierende Farben, sondern auch beispielsweise für Gewürze, oder für Fleischsorten bei Suppen oder Fonds. Hier kann es natürlich zu Irritationen kommen, denn was bitte hat „Wild" mit „Zartbitter", „Rind" mit „Haselnuß", „Kalb" mit „Cappucino" oder „Fisch" mit „Vollmilch" zu tun? Garnichts – und dennoch werden sie mit ganz ähnlichen Farben in Verbindung gebracht, die durchaus ebenfalls spontan einleuchten, da sie mit unterschwelligen Assoziationen umgehen. Aber Psychologie ist für diesen Band ein zu weites Feld!

Verschiedene Sorten Ritter-Sport-Schokolade, um 1990

Verschiedene Sorten Alpia-Schokolade, um 1990

Verschiedene Fonds von Lacroix, Ende 80er Jahre

EINHEITSDESIGN
DER DDR

Kosmetik-Sprayserie für „Quartett" (VEB Aerosol-Automat), 1981

Entgegen der gängigen Vorstellung vom grauen Einheitsdesign, gab es auch für Verpackungen der DDR farbliche Sortenunterscheidungen, wenngleich auch nicht von jener „westlichen" Farbintensität. Das aber heißt natürlich nicht, daß hüben wie drüben alles gleich war – darüber braucht man kaum ein Wort zu verlieren, war es doch gerade die Intention des sozialistischen Ostens, sich vom kapitalistischen Westen in allem abzuheben. Doch das als den eigentlichen Motor für die eigenwillige Ästhetik der DDR-Verpackungen anzusehen, wäre falsch. Ebenso verfehlt ist es jedoch, die Verpackungen der DDR als ständig zu spät gekommene Imitate der West-Verpackungen zu bezeichnen. Eines ist wichtig: BRD wie DDR hatten bis in die Nachkriegszeit die gleiche Tradition. Selbst einzelne Firmen hatten eine identische Herkunft, wie das Beispiel von Agfa Leverkusen und Agfa Wolfen gezeigt hat. Also bediente man sich in den Anfängen natürlich auch der gleichen Verpackungsgestaltung. Schließlich hatten auch beide Teile eine gleiche Schule, das Bauhaus, dessen Funtionalismus in den ersten Jahren der DDR als kapitalistische Anonymität abgelehnt, später aber dann doch wieder als „sparsam" und praktikabel akzeptiert wurde. Somit gab es auf beiden Seiten der Mauer ähnliche Voraussetzungen für eine mögliche Entwicklung der Gestaltung.

Warum also sollte man die mehr oder weniger gelungenen DDR-Verpackungen als Imitate bezeichnen? Oder anders gefragt, warum bezeichnet man nicht auch die westdeutschen Verpackungen seit den 50er Jahren als Imitate ihrer amerikanischen Geschwister – waren doch sämtliche gestalterische Prinzipien aus den USA importiert worden? Um es kurz zu machen: weder das Ringen nach eigener Identität, noch das Imitieren einer fremden Identität kann man als Erklärung für die Ästhetik der DDR-Verpackungen (und des DDR-Designs schlechthin) gelten lassen, obgleich beides eine gewisse, „schizophrene" Rolle spielte. Weitaus prägender jedoch war ein anderer Sachverhalt. Die wirtschaftliche Notlage des Staates, der in den Nachkriegsjahren durch Reparationszahlungen an die Sowjetunion ausblutete, während der Westen durch den Marshallplan wieder weltwirtschaftlich gebrauchsfähig gemacht wurde.

Was noch 1986 von Klaus Schmidt (im Katalog zur Ausstellung „Alte und neue Verpackungen") programmatisch als „erzeugnis- und marktgerechte Verpackungsqualität mit geringstmöglichem Aufwand an Material und Kapazität" bezeichnet und nur wenige Jahre später von westlicher Seite her in der anfänglichen Wiedervereinigungseuphorie etwas vorschnell als vor-

EINHEITSDESIGN

bildhaft für ökologische Bemühungen gepriesen wurde, das nennt Hans-Peter Jakobson (im Katalog zur Ausstellung „Gut gekauft. Gern gekauft") 1991 ungeschönt beim Namen: „Chronischer Materialmangel blieb bis zum letzten Tag der DDR-Wirtschaft deren elementares Leiden und behinderte auch ständig die Arbeit der Gebrauchsgrafiker. ... Solche Primitivitäten heute als Ökopackungen zu verklären, ist ahistorisch, handelte es sich doch um ungewollte Notbehelfe und nicht um den Ausdruck eines ökologischen Bewußtseins."
Jakobson spricht in diesem Zusammenhang nicht nur die Packungen an, die aus jenem berühmt-berüchtigten fasrigen und holzhaltigen Karton waren, dessen graubraune Eigenfarbe alle gestalterischen Bemühungen zunichte machte. Neben den Vorkriegspackungen, die nicht selten noch lange unverändert übernommen wurden, gab es auch solche, deren Karton einfach gewendet zum Wiedereinsatz kam. Dieses Bild ergänzen die bekannten Behelfspackungen, vollkommen ungestaltete Kartons oder Tüten, die entweder notdürftig etikettiert oder gestempelt wurden oder auch nur kleine Packzettel erhielten. Zu ihnen zählt beispielsweise die Tüte aus Klarsichtfolie für Massageseifbeutel des VEB Lebotex, die seit Mitte der 80er Jahre produziert wurden.
Zu dieser „sparsamen" Handhabung der Packungsgestaltung kam (man möchte fast sagen „erleichternd") hinzu, daß ohnehin spätestens seit der allgemeinen Verstaatlichung der bis dahin teilweise privaten Mittelstandsbetriebe (1972) auch jegliche Konkurrenz ausgeschaltet wurde. Damit entfiel

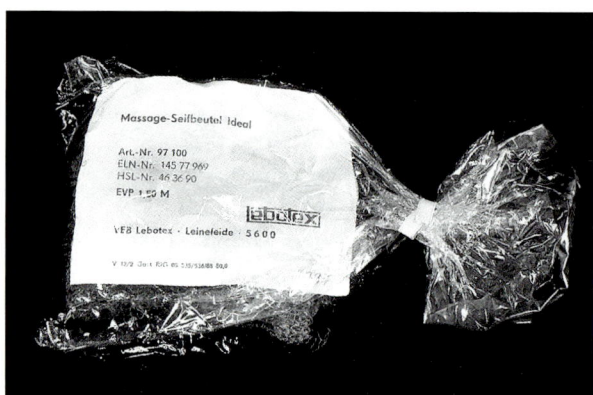

natürlich das motivierende Moment für optische Raffinesse. Der Mangel an Waren erforderte keine hervorstechende Packung. Was vorhanden und nötig war, wurde gekauft – ungeachtet der Packungsgestaltung. Das war keine Erziehungsmaßnahme zur Bescheidenheit, wie man diese Notlösungen oftmals propagandistisch aufzuwerten versuchte. Dennoch muß auch hier einschränkend bemerkt werden, daß zumindest in den Anfängen sicher ein wohlgemeinter Wille zu sozialer Bildung vorhanden war, der aus den verheerenden Erfahrungen mit der faschistischen Vergangenheit erwuchs. Ihr wollte man etwas neues, modernes entgegensetzen. Leider aber rutschte auch das in eine totalitäre Ideologie ab, die als Deckmäntelchen für sämtliche Mangelerscheinungen der unerprobten Planwirtschaft herangezogen wurde. Im Gegensatz zur Planwirtschaft ist ein wesentliches Merkmal der Marktwirtschaft nicht einen vorhandenen Bedarf zu stillen, sondern einen nichtvorhandenen Bedarf zu wecken. Daran ist die Werbung ebenso beteiligt wie die werbende

Behelfspackung: Tüte aus Klarsichtfolie für Massageseifenbeutel des VEB Lebotex, produziert ab Mitte 80er Jahre

EINHEITSDESIGN

Von oben nach unten:

Packung für Teigwaren, Ende der 60er Jahre

Packung für Feinstrümpfe, Mitte der 70er Jahre

Packung für Dauerfestiger, 60er Jahre

Packung. Wo im Osten der Käufer nur überzeugt werden mußte – wenn überhaupt –, da wird im Westen überredet. Es werden anmutende Bilder geschaffen, die man anhand von werbepsychologischen Studien oder Umfragen genauestens austüftelt. Dabei wird besonders der Wert der Vielfalt hervorgehoben. Am Beispiel der Teigwarenindustrie kann man diesen Unterschied zwischen West- und Ostverpackungen besonders gut nachvollziehen. Manch ein westlicher Konsument wird sich sicher beim Anblick der Nudel-Regale schon oft gefragt haben, worin denn wohl der Unterschied zwischen Breitbandnudeln, Schnittnudeln, Spaghetti, „Krawättli" (Farfalle), Makkaroni, Spätzle und dergleichen mehr besteht! Abgesehen davon, daß bisweilen die Verwendung von Ei eine Rolle spielt, sind es oft nur formale Varianten. Geschmacklich sind sie nicht sonderlich differenziert. Aber das Auge ißt ja bekanntlich mit, und für das Auge werden die verschiedenen Nudelformen auf den Packungen mit viel Frabe appetitlich zubereitet. Nun kann man nicht behaupten, daß der Konsument der

ehemaligen DDR andere Augen gehabt hätte – dennoch waren sie auf etwas anderes hin trainiert. Auch hier gab es verschiedene Nudelsorten, aber sie wurden alle unter dem sachlichen Begriff „Eierteigwaren" zusammengefaßt. Schon allein damit kann man den besonderen Funktionalismus umschreiben, der den DDR-Verpackungen eigen war, ein formaler Funktionalismus, der die notwendigste Information in den Vordergrund stellte. „Anti-Marken-Namen" dieser Art gab es häufig, sowohl bei den älteren Packungen, die oftmals über viele Jahre gleichbleibend auf den Markt kamen, als auch bei den jüngeren. Die Strumpfhose hieß „Strumpfhose", der Festiger hieß „Festiger", der Tauchsieder hieß „Tauchsieder". Bei Wasch- oder Spülmitteln hingegen behielt man gerne die traditionelle Form der prägnanten Marken-Namen bei: „Fit", „oho" oder gar „ATA", das aus der Vorkriegszeit übernommen worden war und noch bis Anfang der 90er Jahre unverändert blieb! Aber es gab auch gerade in den 80er Jahren neue Verpackungen, die durchaus westlichen Ansprüchen genügen, wie beispielsweise die

EINHEITSDESIGN

für den „Tauchsieder" oder die „Arbeitsleuchte". Da jedoch von der Verstaatlichung auch die grafischen Betriebe betroffen waren, blieben die meisten in der Entwurfsphase stecken. Unter dem schwerfälligen Bürokratenapparat konnten sich nur selten neue Gestaltungen durchsetzen. Sie scheiterten am Materialmangel oder an den zu spät (oder nie) erteilten Druckgenehmigungen. Was an Qualität dennoch durchkam, wurde als Aushängeschild für den Export verwendet. Im Inland blieb das „Grau". Anders als bei Teigwaren wurde hingegen bei Zigaretten sehr wohl differenziert. Sie hatten genauso wie westliche Tabakwaren ihre eigenen Markenbezeichnungen. Es war wohl einer der wenigen Industriezweige, die mit Vielfalt auftrumpfen und daher in gewisser Weise „marktwirtschaftliche Konkurrenzsituation" spielen konnten. Unabhängig davon wäre es auch ziemlich unsinnig die Zigarette „Zigarette" zu nennen. Der Raucher war ja einer der ersten, dem eine besondere Empfänglichkeit für Marken und ein treues Markenbewußtsein unterstellt wurden.

Dennoch zeichneten sich in der Regel die Zigarettenpackungen durch keine besondere optische Qualität aus. Auch hier überwog (und überwiegt, denn sie sind zum großen Teil noch unverändert im Handel) das Graubraun des Kartons, was nur wenig gestalterische Möglichkeiten bot. Bei der Marke „Juwel" stellt sich die Kombination von visuellem Erscheinungsbild und Markenname geradezu als Paradoxon dar. Überzeugende Stimmigkeit erreichte einzig die Gestaltung von „KARO", dem „highlight" der Zigarettenpackungen.

Wie auch immer der gestalterische Wert der DDR-Packungen eingeschätzt wird, ob sie vielleicht tatsächlich Anregungen liefern können für neue Verpackungen unter ökologischen Aspekten – sie werden auf jeden Fall gesammelt: einerseits aus Gründen der Mode, „trash" hat derzeit Hochkonjunktur, andererseits weil sie ein ganz eigenes Kapitel der Geschichte dokumentieren.

Diverse Zigarettenpackungen der DDR, die heute noch im Handel sind

Kartonschachtel für Tauchsieder, 80er Jahre

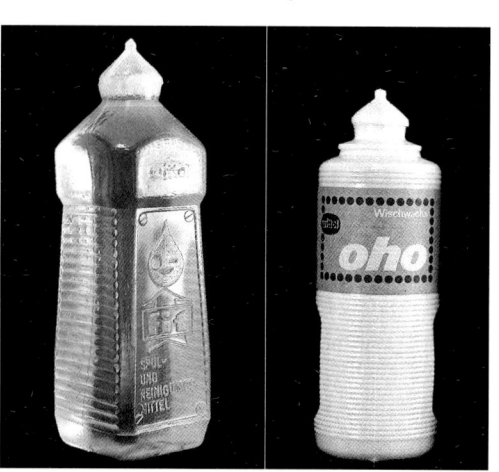

links: Kunststoff-Flasche für Spül- und Reinigungsmittel, 60er Jahre, verwendet bis Anfang 90er Jahre
rechts: Kunststoff-Flasche für Wischwachs, Ende 60er Jahre

NAMHAFTE DESIGNER

Hatten einige große Firmen in der ersten Hälfte unseres Jahrhunderts, um aus der immer größer werdenden Masse der Konkurrenzangebote hervorzustechen, gerne bekannte Künstler und Kunsthandwerker mit der Gestaltung ihrer Packungen beauftragt, so häuft sich das in der zweiten Jahrhunderthälfte. Allerdings sind das nun keine Künstler oder Kunsthandwerker mehr. An deren Stelle treten heute – infolge der Spezialisierung dieser Berufszweige nach dem Zweiten Weltkrieg – Designer, die sich auch schon auf anderen Gebieten des Designs (Industrial Design, Möbel-

Packung für die Kosmetikserie „Nuts & Bolts"; Massimo Vignelli, 1967

design, Modedesign etc., oder dem werbenden Bereich) einen Namen gemacht haben. Einer der frühesten und bekanntesten ist Raymond Loewy, ohne dessen Wirken viele Dinge des Alltags heute eine andere Gestalt hätten. Ob es Kühlschränke, Autos, Busse oder Flugzeuge waren: Loewy prägte seit Ende der vierziger Jahre durch sein unermüdliches Schaffen unseren Begriff von modernem Design. Noch im heutigen Alltag begegnet man seinen Entwürfen, oft ohne es zu wissen, ob das nun das Signet der Shell-Tankstellen ist, oder die Lucky-Strike-Zigarettenpackung – Loewy hatte an ihrer modernen Erscheinung den entscheidenden Anteil. Egal worauf sie sich spezialisiert haben: Wenn namhafte Designer „Päckchen packen", dann ist das Ergebnis immer etwas besonderes, auch wenn sie sich an traditionelle gestalterische Vorlagen einer Firma halten müssen. Oft meint man gar ihre Handschrift entdecken zu können.

■ VIGNELLI ASSOCIATES DESIGNERS

Wie im Falle der Entwürfe von Raymond Loewy, sind einem heute vielfach Verpackungen vertraut, von denen man nicht weiß, wer sie gestaltet hat, deren Designer man aber durchaus kennt, oft von anderen Bereichen her.
Zu ihnen gehört beispielsweise der in New York tätige Italiener Massimo Vignelli und sein Team. 1971 hatten Massimo Vignelli und seine Frau Lella das Designstudio „Vignelli Associates" gegründet. Auf diese Weise konnten sie einer ungewollten Spezialisierung aus dem Weg gehen, lautete doch das Motto Vignellis: „Design ist Einheit". Gemäß der Vorstellung des Teams, daß ein Designer alles – „vom Löffel bis zur Großstadt" – entwerfen können muß, umfaßten ihre Aufträge sowohl Buch-, Journaloder Zeitungsgestaltung (z.B. Kataloge der Firma Knoll oder die Wochenzeitung „The Herald"), Kleidungs-, Produkt-, Möbeldesign (diese Entwürfe sind wohl hierzulande die bekanntesten), Innenarchitektur oder Corporate Design (für private Unternehmen ebenso wie für öffentliche Institutionen). Einen Teilbereich stellt natürlich auch

MASSIMO VIGNELLI

das Verpackungsdesign dar. Eine ganz ausgefallene und daher umso bekanntere Verpackungsserie gestaltete Vignelli schon 1967 (also vor der Gründung des gemeinschaftlichen Studios) für Kosmetikprodukte von der Firma Colton/Gilette, die das, was man in den 70er Jahren gemeinhin als „poppig" bezeichnete, vorwegnimmt – und das nicht nur in ihrer so beliebten orangenen Farbgebung. Vignelli orientierte sich bei seiner Gestaltung nicht am üblichen Image von Kosmetikpackungen, sondern schlug den Weg der Irritation ein, der bereits durch den Markennamen „Nuts & Bolts" (von nutbolt, dem englischen Begriff für Schraube mit Mutter) gegeben war. So legte er nicht den Inhalt „Kosmetikartikel" offen, sondern den Markennamen, den er eins zu eins auf die Verpackungsform und sogar, im Falle der Seife, auf die Form des Produktes übertrug. Die Packung selbst ist also hier der Markenname.

Die Verblüffung beim Anblick von Schrauben und Muttern in einem Drogerie-Regal, in dem man alles andere als Heimwerkerzubehör vermutet, kann man sich mühelos vorstellen. Wer hier auch nur einen losen Hang zum Skurrilen hatte, war bereits für den Kauf infiziert – wo nicht, so fand doch immerhin die eingefleischte Abnehmerklientel „ihr" Produkt schnell wieder.

Bei der 1968 entwickelten Verpackungsserie für Haushaltswaren der Firma Heller stand nicht der Markenname, sondern der Firmenname Pate für die Gestaltung. Der konnte natürlich nicht formal aufgegriffen werden, wie bei „Nuts & Bolts", sondern nur typografisch. Die unterschiedlichen Artikel im Haushaltswarenbereich wurden im

Sinne der Corporate Identity über die Verpackungsgestaltung zu einer Einheit zusammengefaßt, auf der der große Namenszug der Firma dominiert. Über den spezifischen Inhalt gibt nur ein kleingedruckter „Untertitel" oder auch eine schematische Umrißzeichnung Auskunft. Frei von jeglichem ablenkenden Dekor kommt hierdurch der Firmenname – ob nun auf weißem oder auf unterschiedlich einfarbigem Fond – um so stärker zur Geltung, der nun zum Garant für die Qualität der Produkte dieses Hauses wird. 1984 entwickelte das Team im Rahmen der Corporate Identity der italienischen Schuhfirma Fratelli Rosetti auch das Verpackungsprogramm. Im Katalog der Vignelli-Ausstellung, die 1992 in der Neuen Sammlung, Staatliches Museum für angewandte Kunst, in München zu sehen war, äußert sich Vignelli selbst zu diesen Entwürfen: „Die Gestaltung der Schachtelwandungen durch Diagonalstreifen beruht auf der jeweils versetzten Wiederholung des Rosetti-Schriftzuges. Für das Design der Tüten wurde dasselbe Muster gewählt und formal vari-

Packungen für Haushaltswaren der Firma Heller (Corporate Design); Massimo Vignelli, 1968

Corporate Identity der Schuhfirma Fratelli Rosetti; Vignelli Associates Designers, 1984

MENDELL & OBERER

Packung für Hard- und Software der Computerfirma IBM (Corporate Identity), Vignelli Associates Designers, 1984-1986

iert. Dieses Entwurfsprinzip mit sowohl eindeutiger Identität als auch uneingeschränkter Mannigfaltigkeit stellte eine gerade für den Modesektor ideale Gestaltungsmöglichkeit der Corporate Identity dar."

Auch bei den Produkten und Zubehörartikeln des Büromaschinenherstellers IBM steht der Firmenname im Vordergrund, der durch die Abkürzung zur Firmenmarke wurde. Dennoch nimmt er auf den Packungen von Vignelli nicht den gleichen Raum ein, wie zuvor der Namenszug „Heller". Eine solche Präsenz hatte er allerdigns noch bei den von Paul Rand Mitte der 50er Jahre entworfenen Kartons, auf denen die dicken Buchstaben IBM wie ein flächendeckendes Muster wiederholt werden. Der Name des jeweiligen Artikels ist hier in zarter Schreibschrift klein eingefügt. Beinahe umgekehrt verfährt das Vignelli-Team bei ihren Packungen für die Personal Computer, deren Software und anderem Zubehör: die Corporate Identity des Unternehmens hat ihren Zweck erfüllt. Nach so vielen Jahren sind dem Käufer die Packungen der Firma vertraut, ihr Name muß nicht mehr so deutlich hervorgehoben werden, wie noch in den 50er Jahren. Zwar bekommt das durch die Streifen aufgelockerte Firmenlogo auf manchen Packungen eine ganze Fläche, doch nur auf der Seite. Die Haupt-

fläche nimmt bei den Kartons für die verschiedenen Computerelemente das Bild des Inhalts oder die Artikelbezeichnung in Form von Nummern und Buchstaben ein. Diese sachliche Gestaltung fügt sich einerseits mühelos in das technoide Image der Firma ein, andererseits wurde mit der Farbgebung sanfter Pastelltöne versucht, den Begriff „personal" zum Ausdruck zu bringen, also den Abnehmer zu „repräsentieren".

■ MENDELL & OBERER

Anders als das Vignelli-Team, das durch seine Entwürfe in den verschiedensten Bereichen des Designs internationale Bekanntheit erlangt hat, ist das Duo Pierre Mendell und Klaus Oberer stärker auf die grafischen Bereiche wie Corporate Design, Plakat- und Buchgestaltung oder Architectural Graphic spezialisiert. Im gemeinsamen Studio, das sie 1961 in München gegründet haben, ist Pierre Mendell für Konzept und Visualisierung zuständig, Klaus Oberer für Organisation und Realisierung.

Besonders ihre Plakate weisen so etwas wie eine eigene Handschrift auf. Ohne daß es ihrer plakativen Wirkkraft Abbruch täte, zeichnen sie sich häufig durch einen geradezu poetischen Charakter aus.

MENDELL & OBERER

Packung für ein Hustenmittel von Parke Davis „un chat dans la gorge"; Pierre Mendell, 1960

Das ist auch bei einer der wenigen Packungen zu spüren, die von ihnen realisiert wurden: die von Mendell 1960 entworfene Ärztemusterschachtel für ein Hustenmedikament der Firma Parke Davis. Auf ihrer nach vorne hin sichtbaren Seite erscheint nur das die ganze Fläche einehmende Wort „CHAT", zu deutsch „Gräte". Auf etwas andere Art als bei Vignellis „Nuts & Bolts" scheint einen dieser Begriff nun für ein Hustenmittel recht irreführend zu sein. Aufklärung bieten die anderen Seiten der Packung, über die der Satz „un chat dans la gorge" (eine Gräte im Hals) mehrfach untereinander geschrieben, und trichterförmig sich vergrößernd, erscheint. „Chat" ist nur die letzte Vergrößerung. Verbindet man mit dem Satz selber gewissermaßen auf Umwegen den Hustenreiz, der einem bei einem solchen Malheur überkommt, so spiegelt sich das „Aushusten" – für das eben ein Hustenmedikament zuständig ist – in der trichterförmigen Anordnung wider. Die Heftigkeit des Hustens kommt in den größer und dicker werdenden Buchstaben von „CHAT" gut zum Ausdruck.
Bei dieser lautmalerischen Gestaltung meint man, eine gewisse Affinität zur konkreten Poesie spüren zu können, die in den 60er Jahren aktuell war. Ihre Vertreter versuchten, um es auf eine Kurzformel zu bringen, Inhalt und Stimmung ihrer Gedichte über den Umriß des Satzspiegels oder die Wort- bzw. Buchstabenstärke visuell zu verdeutlichen. Die Gedichte selbst haben dabei oft surrealistische Anklänge und sind ebenso vielfach lautmalerisch. Am Beispiel eines schon aus der Schulzeit vertrauten Gedichtes von Ernst Jandel, der wohl hierzulande bekannteste Vertreter der konkreten Poesie, kann man diese Prinzipien schnell nachvollziehen: „Ottos Mops Kotzt..." – wie's weitergeht, weiß ja jeder. „Un chat dans la gorge" ist nicht allzuweit davon entfernt.
Selbst im Regal aufgereiht, wo nur noch die vordere Seitenwandung sichtbar ist und somit nur die Wiederholung von „CHAT" erscheint, löst die „Gräte" nicht nur einen äußerst attraktiven und äußerst plakativen, sondern auch einen äußerst poetischen „endlosen Hustenreiz" aus, die beste Werbung für das Produkt.

Kartonhüllen für Videobänder der Firma Videon; Mendell & Oberer, 1981

MENDELL & OBERER

Universale Packungen für Heimwerkerzubehör (Schrauben, Nägel etc.) der Firma Keller & Kalmbach; Mendell & Oberer, 1985

In ähnlicher Weise, allerdings ohne die poetischen Bezüge, gestalteten Mendell & Oberer die Videohüllen der japanischen Firma Videon unter besonderer Berücksichtigung des Kassettenrückens.

Während die meisten Designer gängiger Videohüllen mehr der Vorderseite als dem Rücken Beachtung schenken (was in manchen Fällen aufgrund der Farbidentität von Firmen wie beispielsweise Kodak auch nicht notwendig ist), trägt die Gestaltung der VIDEON-Hülle dem System der Regalaufreihung Rechnung, bei der ja nur der Rücken sichtbar ist. Auf schwarzem Fond wiederholt sich dabei jeweils der Schriftzug VIDEON, wie die zahllosen Bildsequenzen eines Filmes. Die Aufteilung seiner Buchstaben in blaue, rote und grüne Balken und Bögen hat ihre Parallele in den Neonlampen der Leuchtschriftwerbung, mit der auf die Farb- und Lichtqualität des Videos angespielt wird. Darüber hinaus erfüllt der Schriftzug drei Aufgaben zugleich: er ist Produktname, Markenname und Firmenname in einem. Durch das VHS-Zeichen (das an dieser Stelle ohnehin von informativer Notwendigkeit ist) wird vom Firmennamen VIDEON das N abgespalten, sodaß er zum Produkt- und Markennamen VIDEO wird. Exakt die gleiche Art der Gestaltung befindet sich auch am Rand der Vorderseite. Zieht man die Kassettenhülle etwas heraus, so wiederholt sich der Schriftzug gewissermaßen auch in Stufen.

Ein anderes Gestaltungsprinzip liegt den Schachteln für Nägel und Schrauben der Firma Keller & Kalmbach zugrunde, die Mendell & Oberer 1985 realisierten. Wo die VIDEON-Hüllen mittels Typografie den Inhalt bezeichnen, wird er hier durch die Symbole verbildlicht. In diesem Fall handelt es sich tatsächlich um Schrauben und Nägel – nicht um Deo oder Seife, wie bei Vignellis „Nuts & Bolts"! Nach der losen Art und Weise, wie dergleichen Heimwerkerzubehör abgepackt wird, überziehen die Zeichen dieses Zubehörs die Packungen wie ein abstraktes Muster. Die rohe Kartonage, auf die das Muster direkt übertragen wurde, verstärkt den Eindruck, daß es sich bei diesen Produkten um technisches Zubehör handelt, mit dem handwerklich weitergearbeitet wird. Die Musterung mit den verschiedenen Sorten gewährleistet dabei die Einheit der Produktpalette des Unternehmens. Die jeweils speziellen Sorten werden durch entsprechend beschriftete kleine Etiketten an der Deckelwandung gekennzeichnet.

DAS BILD VOM INHALT
WEGE UND UMWEGE

■ BILDER VON KRANKHEIT UND HEILUNG

Den Inhalt schon auf der Packung zu zeigen, ist ein Gestaltungsprinzip, das sich vor allem in unserer zweiten Jahrhunderthälfte durchsetzen konnte. Dabei wurden seither die vielfältigsten Möglichkeiten durchgespielt. Selbst bei Artikeln, die nicht die Attraktivität besitzen, daß man sie für eine Verpackungsgestaltung heranziehen könnte, wurden erstaunliche Lösungen gefunden. Zu diesen Artikeln gehören vor allem Medikamente. Hier ist es einerseits die Verabreichungsform in Salben, Tabletten oder Tropfen usw., die wenig bildhafte Aussagekraft besitzt, andererseits aber natürlich das unangenehme Thema „Krankheit", für das der betroffene Abnehmerkreis ungerne auch noch Bilder haben möchte. Ihre Packungen werden in der Regel typografisch gestaltet. Unter ihnen sind gelungene Entwürfe, wie die oben erwähnte „Chat"-Schachtel von Mendell & Oberer die große Ausnahme. Man kennt ansonsten die Schachteln, Dosen und Fläschchen mit ihren unsäglich unverständlichen Medikamentennamen, die eine Medizin wie die andere aussehen lassen – eine verbraucherunfreundliche Gestaltung, die bisweilen sogar äußerst gefährliche Folgen haben kann. So gibt es durchaus Firmen, die für ihre Verpackungsgestaltung fähige Leute einsetzen. Doch selten genug haben sich Designer hier was einfallen lassen. Dennoch gibt es wenige hervorragende Lösungen, zu denen die Packung für „Lioresal" von Ciba-Geigy zählt, die Bob Paganucci Anfang der 80er Jahre entworfen hat. „Lioresal" wird bei Multipler Sclerose, bei Rückenmarksverletzungen und anderen Erkrankungen des Rückenmarks eingesetzt. Das sind die

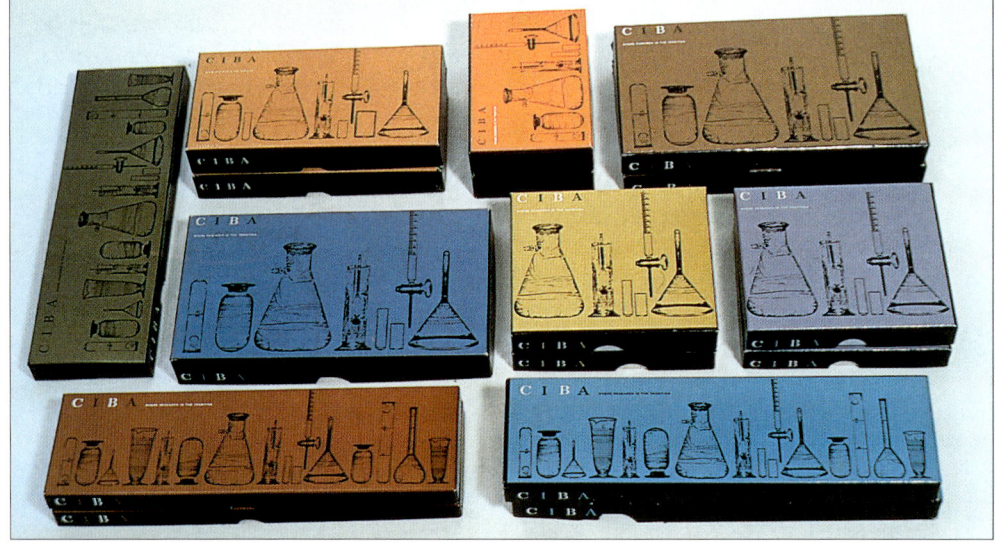

Musterpackunge für Ciba-Produkte Das ästhetische Erscheinungsbild nimmt dem Thema „Krankheit" die unangenehme Seite

PHARMAKA-PACKUNGEN

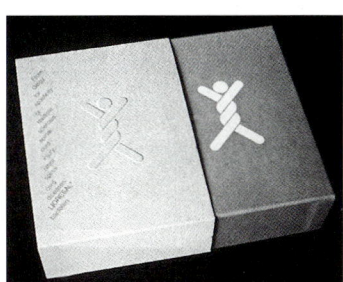

Packung für ein Multiple-Sclerose-Medikament von Ciba-Geigy; Bob Paganucci Design, Anfang der 80er Jahre

schriftlichen Angaben auf der Packung, die ansonsten durch ein einziges, „sprechendes" Symbol verdeutlicht sind, dezent geprägt in Weiß auf Weiß. Das Stacheldrahtelement dient hier als Piktogramm für einen Körper, dessen verletzte Zone, die Wirbelsäule, fest umwickelt ist. So entsteht einerseits spontan der Eindruck von Schmerz – durch die Assoziation „Stacheldraht" – andererseits aber durch die Umwickelung auch das Gefühl von Schutz. Somit birgt dieses Zeichen die Kürzel für Diagnose und therapeutische Hilfe des Medikamentes in einem.

Ähnlich verhält es sich bei der Packung für ein Psychopharmakon von Beecham-Massengill Pharmaceuticals, die ebenfalls zu Beginn der 80er Jahre von Peter Nikolits entworfen wurde.

In den äußeren Schuber ist ein rechteckiges Fenster eingeschnitten, der nur einen Ausschnitt vom Bild der inneren Packung zeigt. Der Ausschnitt ist so gewählt, daß eine Frau mit verzweifeltem Gesicht durch die Gitterstäbe eines Gefängnisses blickt – das ist die Diagnose. Zieht man die Schachtel heraus, erscheint das Bild im Ganzen. Hier stellt sich das vermeintliche Gefängnisgitter als überdimensionierte aber harmlose Gabel heraus, die leicht abzulegen ist – das verspricht die Therapie.

■ BILDER FÜR FARBEN

Nicht nur für Packungen im pharmazeutischen Bereich, sondern selbst für solche im künstlerischen Bereich fehlen oftmals die Bilder, obgleich sie ja doch hier zuhause sein müßten. Was aber stellt man dar, wenn man die banale Tatsache zum Ausdruck bringen will, was eine Tube für Künstlerfarben so alles in sich hat? Man könnte sich natürlich auf die einfache Möglichkeit beschränken, mit der jeweiligen Farbe auch die Tube oder das Etikett zu „bestreichen". Davon gibt es allerdings zahllose Exemplare. Um aus der Masse hervorzustechen, müssen schon andere Register gezogen werden. Diese zog Bev Whitehead für die Firma Winsor & Newton. Er ließ bei der Etikettengestaltung ihrer Tuben für Alkyd-Künstler-Farben die berühmten Kollegen der Geschichte zu Wort, respektive zu Bild, kommen. Auf den Tuben sind verschiedene berühmte Gemälde abgebildet, in denen der entsprechende Farbton vorherrscht: Grau bei Magrittes fliegenden Felsen oder Gelb bei van Goghs Sonnenblumen. Zu seinem Arbeitszubehör kauft also der Künstler gleich eine herrliche Miniaturgalerie mit.

■ WER KAUFT SCHON DIE KATZE IM SACK...

Wenn es schon bei Künstlerfarben (wie die Masse beweist) nur selten gelingt, ein Bild für die Verpackung zu finden, wie kann man da bei Artikeln wie Katzenstreu mit einer geglückten Lösung rechnen. Auf diesen Packungen tummeln sich in aller Regel süße kleine und vor allem saubere Kätzchen im Irgendwo: denn jegliche Andeutung von „Klo" wird tunlichst vermieden.

VERPACKTES DESIGN

Genau das aber, das naheliegendste also, macht die Designerin der Packung für „Nicky Cat Litter" zum Thema, die sich vielleicht wegen ihrer namentlichen Verwandtschaft – sie heißt tatsächlich Marilyn Katz – verpflichtet gefühlt hat, die Katze endlich aus dem Sack zu lassen. Mit viel Humor das Kind beim Namen nennend, zeigt dieser Sack, auf Vorder- und Rückseite entsprechend von vorn und von hinten, das Bild eines nun garnicht niedlichen Kätzchens, sondern eines konzentriert blickenden Katers bei der Lektüre der Katzen-Times, die keineswegs über seine vordringliche Tätigkeit hinwegtäuschen will. Ohne Frage fällt so eine Verpackung auf – wenn nicht der Katze, so doch ganz sicher ihrem Liebhaber.

Doch Inhaltsbilder können selbstverständlich nicht nur über dergleichen Umwege gewonnen werden. Die meisten Gegenstände eignen sich grundsätzlich zur Abbildung auf der Verpackung. Sie können aber auch – um das andere Extrem vorzustellen – durch ein „Fenster" oder eine „offene" Packung, selbst gezeigt werden. Auf dieses Prinzip greift Peter Schmidt mit seinen Verpackungen für Lampen der Firma Brillant zurück, die vor allem in der Masse zu ihre Wirkung zeigen.

■ VERPACKTES DESIGN

Gerade bei Lampen bedienen sich Designer eines solchen Verpackungsschemas. Eng damit verbunden ist die Idee, der Verpackung auch ein Innenleben zu geben, was natürlich nur dann Sinn macht, wenn es schon von außen her sichtbar wird. Das ist bei dem außen lindgrünen Karton für die von Philippe Starck entworfene Lampe „Miss Sissi" der Fall. Die innere Verpackungsgestaltung, die durch ein unregelmäßig ausgeschnittenes, und mit einer Klarsichtfolie wieder verschlossenes „Fenster" sichtbar wird, gibt andeutungsweise einen Innenraum an, der in seinem kitschi-

Tuben für Alkyd-Künstler-Farben; Bev Whitehead (AD: Michael Peters), Anfang der 80er Jahre

Papiersack für Katzenstreu; Marilyn Katz Creative Consultant (Zeichnung: Alex Murawsky), Anfang der 80er Jahre

ALDO ROSSI

Packung für die Lampe „Miss Sissi" von Philippe Starck, 80er Jahre

gen Rosa an die Vorstellung von „Mädchenzimmer" der fünfziger Jahre anknüpft. Die erstrebte Umgebung der Lampe ist damit definiert und auf diesem Weg wird auch die bestimmte Käuferschicht angesprochen, die sich mit dieser „Herkunft" oder „Bestimmung" der Lampe identifizieren kann oder möchte.

Hier kommt jedoch noch ein anderer Aspekt zum Tragen. Den Inhalt durch sich selbst (oder durch ein Foto von ihm) zu repräsentieren, eignet sich natürlich besonders in Fällen wie diesem, wo der Inhalt „Design" ist und aus diesem Grund natürlich ohne Umwege für sich selbst sprechen kann.

Packung für die Espressokanne „La Cupola" von Aldo Rossi, 80er Jahre

So stellt beispielsweise die italienische Firma Alessi ihre Haushaltsartikel selten unter den Scheffel. Gerade die von namhaften Designern wie Philippe Starck oder Aldo Rossi entworfenen Stücke können besser für sich selbst werben als alles andere. Für sie werden daher Kartons bevorzugt, die das Foto des Inhaltes zeigen, dem bisweilen die Ideen- und Entwurfsskizzen der Meister beigefügt sind. Der Namenszug der Firma aus roten Großbuchstaben wäre auf diesen Kartons, aufgrund der Bekanntheit des Designs, das leicht mit Alessi identifizierbar ist, oft überflüssig. So ist auf dem in kühlen Grautönen gehaltenen Karton für Philippe Starcks Wasserkessel „Hot Bertaa" das Foto des Kessels von allen Seiten abgebildet, einschließlich der Darstellung seiner praktischen Handhabung, einer der unvermuteten Vorzüge des Kessels. Die graue Farbgebung greift dabei einerseits die Materialität und das klarlinige Design auf, mit dem Starck die Form der „Dicke Berta" genannten, berühmt-berüchtigten Bombe in ironischer Weise zweckentfremdet. Der rote Namenszug Alessi ist hier der einzige und daher herausstechende Farbakzent.

Für die Verpackung von Philippe Starcks Parmesanreibe, die auf den lautmalerischen Namen „Mister Meumeu" getauft wurde, haben sich ihre Entwerfer, die Vorreiter des postmodernen Designs: Sottsass Associati,

PHILIPPE STARCK

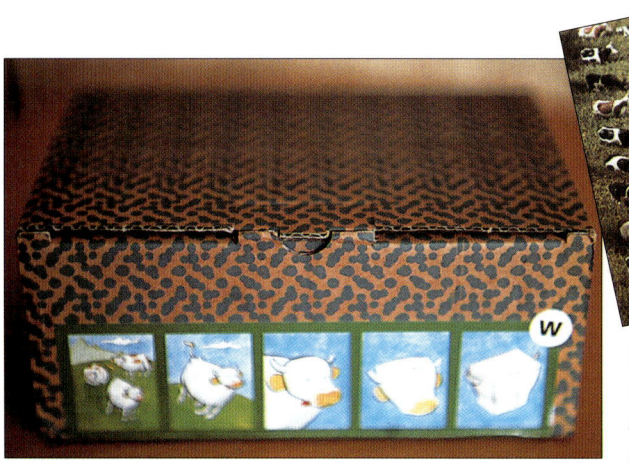

Packung mit Bedienungsheftchen (Daumen-Kino) für die Parmesanreibe „Mister Meumeu" von Philippe Starck; Sottsass Associati, Anfang der 90er Jahre

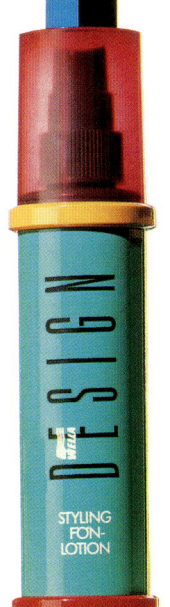

Verpackung für die Haarkosmetikserie „Design" von Wella; Windi Winderlich, 1988

einen besonderen Gag ausgedacht. Sie gaben zur Erklärung der Reibeform ein kleines Heftchen mit, ein sogenanntes „Daumen-Kino", das die Metamorphose einer Kuh bis hin zur abstrahierten Kuhkopf-Form der Parmesanreibe durchläuft. Ganz anders als bei „Hot Bertaa", verhält es sich mit der etwas älteren Packung für Aldo Rossis „Cupola", die noch weit stärker den Gestaltunsprinzipien der Postmoderne verpflichtet ist. Ihre hervorstechendsten Merkmale sind die an der Architektur orientierten Formen und die bunte Farbpalette. Da Rossis Espressokanne ohne die Farben auskommen muß, übernimmt das die Verpackung, deren Flächen abwechselnd mit den kräftigen Farben Grün, Gelb, Rot und Blau bedruckt sind. Auf Vorder- und Rückseite wird die Kanne selbst präsentiert. Die Seitenflächen sind für die Erklärung des Namens der Kanne „La Cupola" reserviert und damit natürlich ihrer designerischen Idee. Hier sind die Handzeichnungen der Entwurfsphase abgebildet, die sowohl das Innenleben und die technischen Feinheiten der Kanne zeigen als auch ihre formalen Bezüge: die Parallele zu einer italienischen Kuppelkirche, die für die Gestaltung Pate stand.

Diese Gestaltungsprinzipien der sogenannten Postmoderne prägten in den 80er Jahren das Design so nachhaltig, daß sie geradezu zum Inbegriff von „Design" wurden.

■ DESIGN ALS THEMA DER VERPACKUNG

Diese Vorstellung von „Design", die in den 80er Jahren ein zuvor nie gekanntes Ausmaß an Popularität in der breiten Bevölkerung hatte, wurde von Designern gleichermaßen wie von Herstellern als ansprechender Werbefaktor für die verschiedensten Bereiche erkannt. Darauf eingehend, nannte die Firma Wella eine ihrer Haarkosmetikserien „Design", die 1988 auf den Markt kam. Der Name nimmt ei-

WINDI WINDERLICH

Relaunch der Verpackungsserie „Design" von 1988; Windi Winderlich, 1992

nerseits Bezug auf die designerische Modewelle dieser Jahre, die aus allem ein besonderes „Styling" machte, andererseits stellt er auch die Verbindung zum Begriff des „Stylings" her, das damals Einzug in das Fachvokabular des Haarkosmetikbereiches hielt und den gemeinsamen Nenner der Produktserie ausmachte.

Mit der Gestaltung ihrer Produkte wurde der Hamburger Designer Windi Winderlich beauftragt, der auch für die neueren Verpackungen für Beiersdorf (Nivea) oder Reemtsma zuständig ist. Er gab den Tuben, Dosen und Spraydosen das adäquate postmoderne Erscheinungsbild. Formal bediente er sich hierfür geometrischer Grundformen, die auch als dekorativ-architektonische Versatzstücke an Bauten dieser Zeit gehäuft auftreten.

Sind in der Architektur Marmor und Messing die bevorzugten Materialien für diese Dekorationselemente, so wird im allgemeinen Designbereich auch gene mal zum neutralen Plastik gegriffen.

Auch Winderlich setzt es für die Verpackung der „Design"-Serie ein, was eigentlich kaum erwähnenswert ist, da es das herkömmliche Material auf diesem Gebiet ist. Dennoch hat es im Zusammenhang mit der Farbgebung eine besondere Wirkung: die ohnehin schon bunte Kombination der kräftigen Farbpalette von Gelb, Blau, Rot und Violett erhält durch das Plastik einen „knalligen", aber dennoch nicht „schrillen"

Charakter. Aus der Masse der zumeist farbblassen Verpackungen von Haarkosmetikprodukten hob sich „Design" besonders heraus. Allen Rufen nach Natur zum Trotz, die bis heute in der Regel nur einen modischen Niederschlag gefunden haben, nämlich in Packungen, die durch ihre Gestaltung Natürlichkeit vorgeben, konnte und kann diese Serie durchaus auf dem Markt bestehen. Die Firma brachte 1992 eine Neuauflage heraus, deren Verpackung wieder von Windi Winderlich entworfen wurde. Im Vergleich der beiden Auflagen kann man gut die Abkehr vom „postmodernen Design" nachvollziehen. Doch wird sie letztlich nur in Nuancen spürbar. Die Formen sind nicht mehr so differenziert, die Farbpalette hingegen, die man durchaus mit den „90er Jahren" in Verbindung bringt, ist nahezu gleich geblieben.

ÖKOLOGISCHES BEWUSSTSEIN

Neben solchen post- und „post-post"-modernen Entwürfen entstehen seit den 80er Jahren auch vermehrt Packungen, deren Gestaltung sich am Stil der Vergangenheit, vornehmlich der Jahrhundertwende orientieren. Das ist sicher nicht nur auf eine neuerliche Nostalgiewelle zurückzuführen, sondern auch auf das, was man gemeinhin etwas spielerisch mit dem Begriff der Ökowelle beschreibt, also das bereits angesprochene neue Bewußtsein für alles, was mit Natur zu tun hat – oder oft auch nur zu haben scheint.

■ DAS REVIVAL ALTER VERPACKUNSSTILE

Da die Produkte noch zu Beginn unseres Jahrhunderts in den meisten Fällen eine natürlichere Substanz besaßen als heute, ist es naheliegend, auf deren Verpackungsstil zurückzugreifen, wenn der Aspekt des Naturproduktes werblich eingesetzt werden soll. Gerade auf dem Gebiet der Kosmetika wird in diesem Sinne gerne mit alten Seifenrezepten experimentiert, die eben jene fast schon magische Anziehungskraft des „rein Pflanzlichen" versprechen. Um das auch nach Außen hin sichtbar werden zu lassen, weisen diese Pappschächtelchen altertümliche Bilder auf.

Vorreiter auf diesem Gebiet ist der englische Designer Peter Windet. Seine Packungen folgen einem Stil, den man unter dem Begriff „old english" zusammenfassen könnte.

Der würfelförmige Faltkarton für die Orangenölseife der englischen Kosmetikfirma Crabtree & Evelyn hat unter diesen Entwürfen noch das zeitloseste Gepräge, obgleich auch hier Schriftzug und Bild an ältere Vorlagen erinnern. Auf jeder Seite des Würfels ist gewissermaßen ein Stadium des Orangenwachstums dargestellt, von der Blüte über die Frucht bis hin zum ganzen

Kartonpackung für Orangenölseife von Crabtree & Evelyn; Peter Windet, Anfang der 80er Jahre

Kartonpackungen für eine Seifenserie von Monpelas; Peter Windet, Anfang der 80er Jahre

PETER WINDET

Baum. Die Seife selbst ist wie eine richtige Orangenfrucht in das typische Seidenpapier eingewickelt.

Auf den Kartonschachteln für eine Seifenserie derselben Firma ist der traditionelle Bildcharakter weit deutlicher nachvollzogen. Nach dieser alten Manier wirbt er hier mit Landschafts- und Pflanzenmotiven. Sie weisen auf den besonderen Vorzug der Seifen hin, die Reinigungs- und Duftstoffe auf Kräuter- oder Fruchtbasis beinhalten. Die unterschiedlich hervorgehobenen Pflanzen kennzeichnen die jeweilige Duftnote.

Kartonpackungen für Backwaren nach traditionellen Rezepten von Lazzaroni; Peter Windet, 80er Jahre

Ähnlich verfährt Windet bei den Packungen für eine Seifen-Serie der Pariser Parfümerie Monpelas. Gemäß der Herkunft des Produktes wird hier die „französische Tonart" angeschlagen. Die Bilder im Stil des Art nouveau variieren das Thema der „schönen Gärtnerin". Sie widmet sich jeweils der Pflanze, die der besonderen Duftnote oder Reinigungskomponente der Seifensorte zugrundeliegt.

Auch bei Süß- und Backwaren gibt es seit geraumer Zeit diese Nostalgiewelle. So hat die italienische Firma Lazzaroni & Co. alte Backrezepte ausgegraben, die sie ihrer neuen Bisquitproduktion zugrundelegten. Dem angemessen, gestaltete Peter Windet die Packung nach Art der Biskuit-Schachteln oder -dosen der Jahrhundertwende: Die malerische Ansicht des Firmengebäudes wird von Schriftbändern, die den Markennamen, den Firmennamen und sonstige besondere Vorzüge angeben, überlagert und von Ornamenten oder Pflanzendarstellungen – in diesem Fall von Getreide-Ähren – gerahmt. Nach dem Vorbild dieser alten Packungen prangen auch hier stolz die Preismünzen, die damals auf den kleineren Gewerbeschauen oder gar Weltausstellungen verliehen wurden. Die Adaption geht bis ins Detail, wie man durch das scheinbar an der Seite aufgerollte Hüllpapier sehen kann, das einen Blick auf den Inhalt ermöglicht: Sogar die einzelnen Gebäckstücke sind gemäß der Tradition jeweils extra in Papierförmchen gepackt.

Ob Kosmetik oder Nahrungsmittel – die Alten Zeiten sind wieder „in". Manche Firmen hatten ja ihre alten Packungsformen nie ganz aufgegeben (man denke an Maggi), manche holen sie heute wieder aus der Versenkung (so wie Odol zum hundertsten Geburtstag eine limitierte Neuauflage der Originalflasche mit Originaletikett herausbrachte). In manchen Branchen zog sich konsequent der alte Gestaltungsstil durch. Als bestes Beispiel kann hier James Keillers Marmeladenetikett gelten, das nicht nur die Firma selbst mehr oder weniger getreu beibehalten hatte, sondern auch von Konkurrenzunternehmen (bis heute) variiert wurde.

UMWELTBEWUSSTSEIN

■ WIEDERVERWERTBARE, UMWELTENTLASTENDE MATERIALIEN

Bei den Verpackungen, die heute wieder an traditionelle Gestaltungsstile anknüpfen, handelt es sich zwar in der Regel um Produkte, bei denen Natur bewußt groß geschrieben wird, nicht aber notwendig auch um Verpackungen, die natürlich, das heißt, umweltfreundlich sind. Oft genug gehen die Hersteller mit der Bereitwilligkeit der Konsumenten um, sich täuschen zu lassen.

Dennoch wurde gerade in den letzten Jahren einiges auf dem Gebiet umweltfreundlicher Verpackungen, wie überhaupt beim Einsatz umweltfreudlicher Materialien, geleistet. Da solche Bemühungen noch nicht zur alltäglichen Routine geworden sind, vermittelt folgende Anekdote, deren Witz einen traurigen Beigeschmack hat, zeigt sich doch hier, daß der gute Wille nicht immer zu glücklichen Ergebnissen führt.

Bekanntlich gehört ja das Golfspielen zu den Lieblingsbeschäftigungen der „Upper Class", das sie selbst bei ihren Weltreisen auf Luxusdampfern nicht missen möchten. Natürlich bietet ein solcher Dampfer nicht allzu viel Platz dafür und so geht doch der eine oder andere Golfball über Bord. Um die Meere vor einer Überflutung durch nicht abbaubare Golfbälle zu retten, ließen sich clevere Tüftler etwas Besonderes einfallen: den Golfball aus eßbarem Material. Was dabei aber nicht bedacht wurde, waren die Eßgewohnheiten der Meerestiere und die entsprechende Belastbarkeit ihrer Mägen. So wurden manche von ihnen nach dem Genuß der für sie wohl appetitlich aussehenden Bällchen von schwerwiegenden Verdauungsproblemen gequält!

Glücklicherweise wird hier unverzagt weitergearbeitet, wenngleich auch die Schritte klein sind und auf viele Hindernisse seitens einer wirtschaftlichen Lobby stoßen, die Neuerungen dieser Art nicht interessiert. Dennoch entscheiden sich heute mehr und mehr Unternehmen bei der Wahl ihrer Verpackungen für wiederverwertete oder leicht wieder verwertbare Materialien zurück. Sie sind durch die „Mode" des oft trügerischen „Grünen Punktes" fast in Zugzwang geraten, dessen Fehlen die Käufer ja schon mißtrauisch macht, auch wenn sie wissen, daß ihm keine allzu große Bedeutung beigemessen werden darf. Wie auch immer, Grau- oder Brauntöne, die den Eindruck von Wiederverwertung machen, sind heute besonders vertrauenserweckend geworden und werden daher auch auf Verpackungen eingesetzt, die keineswegs aus Recycling-Material bestehen.

Auch die ungefärbte Wellpappe ist heute ein vertrautes Bild auf dem Verpackungssektor. Sie besteht oft tatsächlich aus wiederverwertetem Papier oder eignet sich zumindest für Recycling, da sie ohne größere Farb- oder andere Beschichtungen schadstoffarm ist.

Trotz ihres recht unscheinbaren Erscheinungsbildes gibt es durchaus Packungen aus Wellpappe von äußerster Attraktivität, denn auch sie kann in moderne Formen ge-

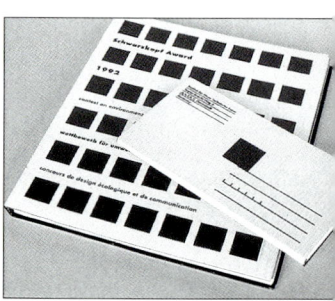

Katalog und Einladung für den „Schwarzkopf Award 1992" in Form von Kartonpackungen aus 100% Recycling-Altpapier (Corporate Design); Ruedi Baur, ca. 199

SCHWARZKOPF AWARD

bracht werden. Ein Beispiel hierfür ist die Packungsserie für „Ladies Shop", die von Marc Voldenauer entworfen und vom Art Directors Club für Deutschland" (Jahrbuch 1992) ausgezeichnet wurde. Voldenauer verzichtet hier auf unnötige Zutaten und läßt alleine die lebendige Struktur der Pappe wirken, die den Einzelpackungen einen schnell wahrnehmbaren, übergreifenden Zusammenhang verleiht.

> **SCHWARZKOPF AWARD**
>
> Der „Schwarzkopf Award" wurde zu Beginn der 90er Jahre von der Haarkosmetikfirma Schwarzkopf und dem Darmstädter Institut für Neue Technische Form konzipiert und für 1992 erstmals international ausgeschrieben. Alle zwei Jahre, so die bisher eingehaltene Planung, soll der „Wettbewerb für umweltbewußtes Design und Kommunikation" stattfinden. Die Absicht der Veranstalter ist es, junge Designer zu einer umfassenden Gestaltung unter ästhetischen, ökologischen und ökonomischen Aspekten anzuregen. Teilnahmeberechtigt sind Designschüler oder Designer, die noch nicht länger als zwei Jahre im Beruf stehen und unter 35 Jahre sind.

Das Bewußtsein für umweltbewußte Packungen ist in den letzten Jahren noch gestiegen und die Ergebnisse – wenn auch nur zunächst noch in der Entwurfs- und Entwicklungsphase – sind weit umfassender geworden. Das ist natürlich in einem hohen Maß auf Anregungen verschiedener Initiativen zurückzuführen, wie die des Institutes für Neue Technische Form, ein von der Stadt Darmstadt und vom Land Hessen getragenes Förderinstitut. Mittels internationaler Ausschreibungen und Workshops animiert das Institut Designer gleichermaßen wie Unternehmer, sich der Entwicklung umweltgerechter Produkte und Packungssysteme zu widmen.

Auf diesen Anstoß hin begründete die Haarkosmetikfirma Schwarzkopf einen internationalen „Wettbewerb für umweltbewußtes Design und Kommunikation", den „Schwarzkopf Award", der erstmals für 1992 ausgeschrieben worden war.

Der Einladungs- und Anmeldungskarte sowie dem Katalog, beides auf Altpapier gedruckt und in Form von Packungen gestaltet, gab der Designer Ruedi Baur das Corporate Design. (Ein Viertel des Katalogpreises geht dabei als Spende an den „World Wide Found for Nature", WWF.)

Das Ergebins dieser ersten Ausschreibung war aufgrund der mutigen Innovationsfreude der jungen, „unverbrauchten" Teilnehmer (sie dürfen noch nicht länger als zwei Jahre im Beruf und nicht älter als 35 Jahre sein) äußerst überzeugend. 180 Designer aus 21 Ländern bewiesen mit ihren Einsendungen, da „Jute statt Plastik" längst zum alten Eisen gehört. Die Kompromißlosigkeit, mit der sie die ihnen gestellten Aufgaben lösten, war und ist für die Zukunft vorbildhaft. Doch muß man hier – nicht zulasten der Entwerfer, sondern zulasten der noch fehlenden Beweglichkeit der Unternehmen – einschränkend betonen, leider vorerst nur vorbildhaft. Im Vorwort des Kataloges erklärt Peter-Christian Patzelt diesen Sachverhalt sehr vorsichtig: „In den verschiedenen Projekten, Produkten und Kon-

„... MIT OHNE VERPACKUNG"

zepten steckt derartig differenziertes und komplexes Entwicklungspotential, daß unsere Auswertung möglicher Ansätze zur Umweltentlastung noch eine Weile dauern wird."

Es bleibt zu hoffen, daß diese „Weile" nicht allzu lange dauern wird. Warnungen gibt es ja genug. Warum sollte also, wenn schon einmal solche Entwürfe vorhanden sind, und für deren Akzeptanz sogar schon der Verbraucher reif wäre, mit der Auswertung der Ansätze gezögert werden?

■ „WAHR IST, DASS KLEIN HANSI EIN SHAMPOO MIT OHNE VERPACKUNG KENNT"

Dies ist einer der Slogans, mit denen Stephan Weiden und Eva Jung für ein Shampoo werben würden, dessen Vorzüge vor allem in seiner Verpackung läge – würde es in Produktion gehen können. Für diesen ausgereiften Entwurf erhielten sie den 2. Preis des Schwarzkopf Award 1992. Er umfaßt sowohl die Dosierung des Produktes, als auch seine Packung, die Musterpackung und eine clevere Werbekampagne, die über den Weg der Irritation die Produktmarke bekannt machen soll: die in einem Queroval untereinander geschriebenen Namen „PEZZO PAZZO", bei denen Anfangs- und Endbuchstabe zu einem verschmelzen. Der Name des Produktes „Pezzo Pazzo" bedeutet im Italienischen so viel wie „verrücktes Stück" – und ein verrücktes Stück ist dieser Entwurf das vermittelt schon die Werbekampagne –, eine „irre" Erfindung im positiven Sinn! Das Shampoo ist zu einzeldosierten Dragees komprimiert, die sich bei der Haarwäsche auflösen und den weiteren entscheidenden Vorteil haben, daß sie nicht wie flüssiges Shampoo verpackt werden müssen. Die Packung muß also nicht aus Plastik oder Glas, sondern kann aus alternativen Materialien. Stephan Weiden und Eva Jung entschieden sich für eine radikale und ungewöhnliche Lösung, die schon im Produktnamen anzuklingen scheint: für Pasta. Die Dragees sind in Röhrchen aus Nudelteig abgepackt, die nach dem Gebrauch einfach zum Küchenabfall gegeben werden können, wo sie sich nicht nur vollständig abbauen, sondern zu nährreichem Kompost „aufbauen". Die Umverpackung, in der sie ihren Entwurf bei der Jury eingereicht haben, könnte ebenso gut als Musterpackung für die Einführung des Produktes bei den Händlern dienen. Es ist eine stabile Holzkiste mit Schnappverschlüssen, die in mehrerlei Hinsicht wiedereinsetzbar wäre.

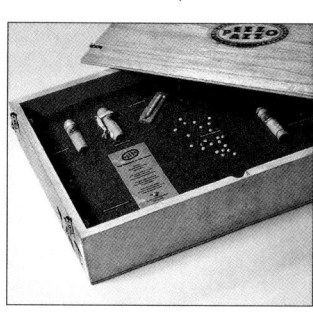

Entwurfskonzept für eine umweltfreundliche Haarkosmetik-Verpackung aus Nudelteig „Pezzo Pazzo"; Stephan Weiden und Eva Jung, 2. Preis des Schwarzkopf Award 1992

Allein schon der humorvolle Umgang mit dem ernsten Thema ist es wert, prämiert zu werden. Mit ihm erreichen die beiden Entwerfer eine Stimmung, die nicht von Sorge oder dem bewußten erhobenen Zeigefinger geprägt ist, sondern von Spaß, der die Bereitschaft für ein ökologisches Umdenken und Handeln erleichtert und nicht dämpft. Mit weniger Witz, aber fast noch kompromißloser ging der Gewinner des 1. Preises an seine Problemlösung heran. Steven Andrew Lyle stellte sich ein Sham-

„ ... MIT OHNE VERPACKUNG"

Entwurfskonzept für eine umweltfreundliche Haarkosmetikverpackung aus einem vollständig auflösbaren Vlies; Steven Andrew Lyle, 1. Preis des Schwarzkopf Award 1992

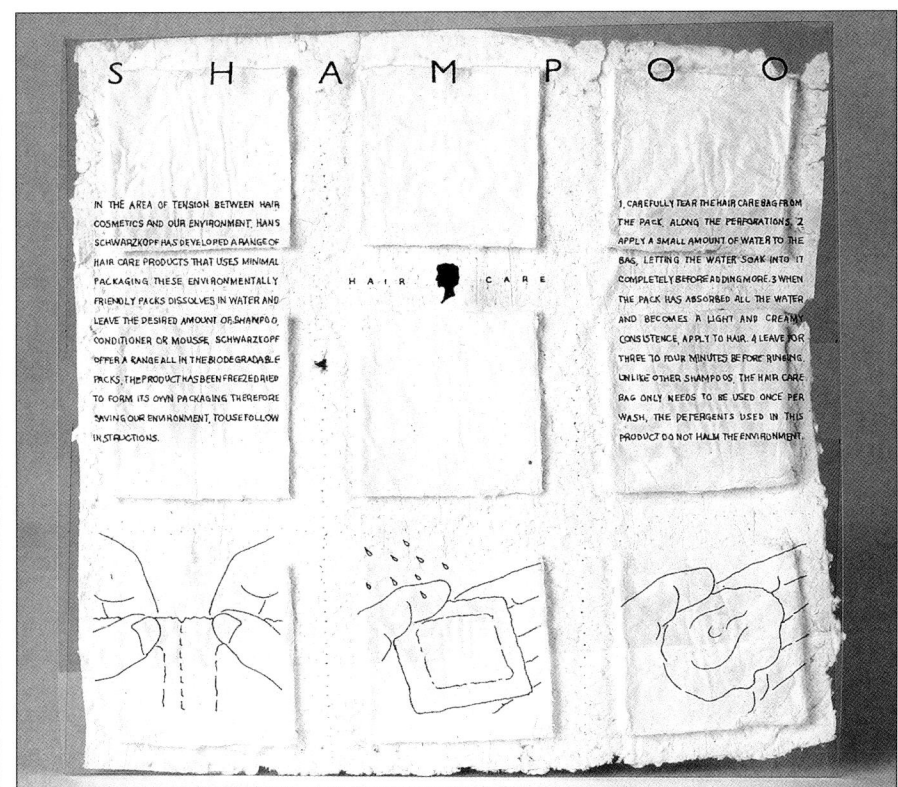

poo vor, dem ebenfalls das Wasser entzogen wurde und das daher in platz- und materialsparend kleinen, zusammenhängenden Dosiertütchen verpackt werden könnte. Die wiederum sind aus einem besonderen Vlies, das sich unter Zugabe von Wasser auflöst und das Shampoo (nun eine feuchte Masse) freigibt. Es ist kaum vorstellbar, daß die industrielle Produktion solcher Entwürfe heute noch nicht möglich sein sollte, in einer Zeit, in der man bereits den Flug auf den Mond als vergangene Pioniertat belächelt und schon ganz andere technologische Höhenflüge anpeilt!

Den Schwarzkopf Award 1992, den Preis für das beste Konzept, erhielten Anna Luisa De Sa Cavalcanti, Jörg Cruel und Luis Roberto Marques Da Silveira. Das Trio tüftelte ein Mehrwegverpackungssystem, das noch am ehesten der herkömmlichen Packungsart gleicht und seinen besonderen ästhetischen Reiz in der Weichheit von Farbe, Form und Material hat. Der Preis wurde aufgrund der „weitesten Idee" und ihrer konsequentesten Durchführung vergeben, für die sie alle Einzelschritte dokumentiert hatten. „Ballon" ist eine ballonförmige Nachfüllflasche aus Naturkautschuk,

ATTRAKTIVES ÖKODESIGN

die ihr Shampoo von einer „Mutter Auffüllstation" im Geschäft bezieht. Die Entwerfer beschreiben die Vorzüge ihres Projektes selbst: „Durch die Elastizität der Außenhaut mit minimaler Wandstärke gelingt dem Container das luftleere Verpacken, entzieht man dem Shampoo noch das Wasser – das Pulver haben wir, das Wasser gibt es zu Hause – und Sie haben einen Raumgewinn bei Transport und Lagerung von 2/3, grob geschätzt." Verschlossen wird die Flasche durch einen Ball aus dem gleichen Material, der sich wegen seiner Luftfüllung automatisch immer nach oben bewegt, also beim Kippen in den weiten Flaschenbauch rutscht und danach wieder zurück zur Öffnung wandert. Die leere Verpackung schrumpft auf eine minimale Größe zusammen und verursacht daher, falls sie nicht wiederverwendet werden sollte, nur wenig Müll. Neben ihren ökologischen Aspekten hat sie für den Sammler den geschätzten Vorteil, daß er mit ihr „noch" etwas in die Hand bekommt. Die Ten- denz scheint ja, wie sich bei den zuvor beschriebenen Entwürfen abzeichnet, zur „Nichtverpackung" zu gehen. Sollte es irgendwann mal wirklich so weit sein, dann muß der Verpackungssammler umsatteln und eben das Produkt bewahren. Seine bisherige „alte" Sammlung würde dann allerdings einen horrenden Wertzuwachs bekommen! Den Extremfall einer solchen zukünftigen „Nichtverpackung" stellt ein Entwurf dar, der zur gesammelten Einsendung einer englischen Design-Klasse gehört, die den Ausbildungspreis des Schwarzkopf Award 1992 erhielt. Hier standen naturgemäß eher die Ideen als ihre Praktikabilität bezüglich der Durchführung im Mittelpunkt der Überlegungen. Einer der Schüler, Jon Evans, entwickelte den Gedanken, daß die Verpackung zugleich das Produkt sein könnte. Das nun sieht nach heutigen Vorstellungen weniger attraktiv einer Baumrinde ähnlich. Von dieser „Verpackung" bricht man einfach ein gewünschtes Stück ab, das unter Zugabe von Wasser zum Haarshampoo wird. Ungeachtet der ästhetischen oder konzeptuellen Mängel, ist diese Idee vom Standpunkt der Umweltschützer doch sehr bestechend, vom Standpunkt der Sammler aber geradezu vernichtend. Das jedoch ergibt keineswegs den logischen Schluß, daß sich Umweltschutz und Sammelleidenschaft einander ausschließen.

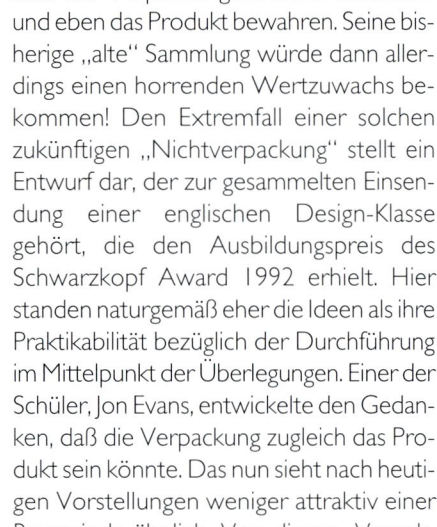

Oben und unten: Verpackungskonzept für Haarkosmetik, Mehrwegbehälter aus Naturkautschuk; A.L. De Sa Cavalcanti, Jörg Cruel, L.R. Marques Da Silveira, Schwarzkopf Award Preis für das beste Konzept 1992

VERPACKUNG ALS KUNST

Zum Abschluß soll noch ein Bereich vorgestellt werden, in dem Verpackungen zwar nicht den Bedingungen von Handel und Transport unterliegen, dennoch aber auf sie verweisen: Verpackungen, die Kunstwerke sind. Hier gibt es verschiedene Varianten oder Stufen ihrer „Künstlichkeit".

So ist es naheliegend, daß Künstler oder Kunsthandwerker ihre Werke selbst verpacken und damit bisweilen eigene Objekte schaffen. In dem Bereich der Goldschmiedekunst ist immer schon großer Wert auf die Etuis gelegt worden. Sie richten sich in der Regel nach den üblichen Anforderungen an Verpackung und sind selten Bestandteil des Schmucks. Doch gibt es gerade hier Ausnahmen, also Verpackungen, die nicht werblichen Prinzipien folgen müssen, da sie nicht im Handel auftauchen. Sie können daher einen besonderen Eigenwert erhalten und geradezu Bestandteil des Schmucks sein.

Etui für die „Kaugummikette" von Gerd Rottmann, 1990

■ SCHATZKÄSTLEIN

Die Etuis des Münchner Goldschmiedes Gerd Rottmann sind eine solche Ausnahme. Für ihn gehören Schmuck und Hülle zu einem Ganzen. Er macht die Etuis für seine Ketten, Kolliers, Armreifen, Ringe oder Ohrringe selber. Allein seine Materialwahl – Holz – vermittelt den Eindruck von Schatzkästlein. Dabei bieten seine Verpackungen sowohl den adäquaten Schutz für die Schmuckstücke als auch eine besondere Präsentationsform. Für die lange „Kaugummikette" von 1990 machte Rottmann eine stark gelängte Kiste. Damit die Kette sich nicht beim Transport verknäult und ihre fragilen Glieder geschützt sind, befindet sich im Inneren der Kiste eine längsovale Scheibe, die aus der Verpackung so etwas wie eine Miniaturarena macht. Die Vertiefung, die sich um dieses Mittelstück ergibt,

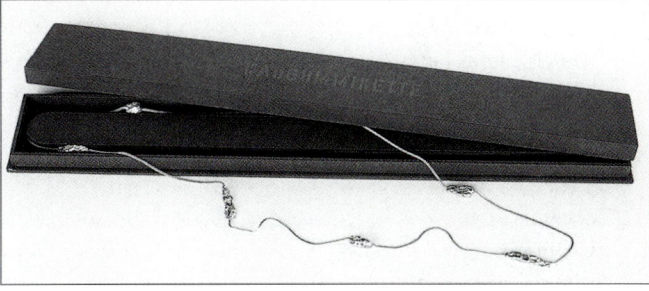

gewährleistet sowohl eine stabile, ausgebreitete Lage für die Kette als auch eine eigenwillige, „eingebettete" Präsentation.

Auf dem dunkelblauen Fond des Deckels erscheint in etwas hellerem Blauton der Name des Inhaltes, wie die Produktmarke auf einer handelsüblichen werbenden Packung. Auf dem Boden sieht es dann schon anders aus: Hier ist die Kiste signiert und datiert – kein Firmenname und kein Verfallsdatum!

Obgleich dieses Etui keine Verpackung mehr im herkömmlichen Sinn ist, so ist sie trotz allem noch kein eigenes Kunstwerk. Dagegen würde sich der Goldschmied verwehren. Die „Künstler-Packungen", also jene, die als Kunst zu verstehen sind, haben eine eigene Inhaltlichkeit, wobei es hier grundsätzlich zwei Möglichkeiten gibt: ent-

VERPACKUNG ALS KUNST

weder ist die Verpackung selbst das Kunstobjekt, mit dem bestimmte Aussagen verknüpft sind – man denke an die allseits bekannten Packungen von Andy Warhol, oder die Installationen von Josef Beuys –, oder es ist ihr Inhalt, der in Form der Verpackung zum Bedeutungsträger des Kunstwerkes wird.

■ FOLTER

Martin Kippenbergers „Alkoholfolter" von 1989 ist eine handelsübliche Bierdose, ein Ready-made.
Bis auf das aufgeklebte Pflaster mit Signatur und Auflagennumerierung hat der in St. Georgen lebende Künstler die Dose unverändert übernommen.
Durch Entfernen der beiden äußeren Dosen verwandelten sich die zusammengeschweißten Plastikringe des Dreier-Packs zu handschellenartigen Fesseln: zur „Alkoholfolter". Das Thema hatte Kippenberger bereits 1981 in einem Gemälde und 1984 einem Foto aufgegriffen, auf denen er Künstler selbst als Opfer der „Alkoholfolter" posiert, die Hände von den Dosenringen gefesselt. Aus dem zunächst vielleicht allgemein moralisch verstandenen Titel ergibt sich damit ein neuer Sinn: mit den Händen in den Ringen wird es nun unmöglich, aus der Bierdose zu trinken – so nah wie das Trinkvergnügen scheint, so quälend fern ist es doch.

■ DIE BÜCHSE DER PANDORA

Die Bierdose von Martin Kippenberger wird mit Sicherheit von ihren Besitzern nie geöffnet werden – höchstens, im allergrößten Notfall. Ist sie einmal geöffnet, dann ist nicht nur die Packung zerstört, sondern das Kunstwerk. Bei der Konserve des Münchner Künstlers Siegfried Kaden verhält es sich noch etwas anders. Sie ist kein Ready-made, also keine Dose, die es im Handel gibt, aber ihr vom Künstler gestaltetes Etikett, weist all die Bezeichnungen einer solchen Packung auf, die in diesem Fall die Angaben zu seiner Ausstellung in der Galerie für zeitgenössische Kunst in Heidelberg (4.12.93-9.1.94) sind: den Herstellernamen „Siegfried Kaden", die Kennzeichnung des Inhaltes „Installation", mit einer entsprechenden grafischen Darstellung, die spezifische Produktmarke „Arbeitsplatz" (also der Name der Installation) und einen Herkunftsnachweis (der Ort, an dem die Installation zu sehen ist). In der Dose befindet sich der Ausstellungskatalog mit Bildern, Zeichnungen und erklärenden Texten zur Installation – das ist ihr materielles Füllgut. Ihr eigentlicher Inhalt jedoch ist gewissermaßen die ganze künstlerische Installation und der ist immateriell; Und obgleich der praktische Öffnungsring geradezu zum Öffnen herausfordert, darf sie nicht geöffnet werden: Der legendären Büchse der Pandora gleich, würde ihr Inhalt für immer verfliegen, die Büchse wäre – trotz des dokumentierenden Katalogs – leer. Damit

Die „Alkoholfolter" von Martin Kippenberger, 1989

„Installation Arbeitsplatz" von Siegfried Kaden, 1994

VERPACKUNG ALS KUNST

verbindet sich nun die künstlerische Idee einer temporären Installation, die kurzfristig gezeigt wird und nach ihrem Abbau nie mehr in der gleichen Weise und unter den gleichen Bedingungen gezeigt werden wird. Auf der materiellen Ebene bleiben nur der leere Ausstellungsraum und die einzelnen Exponate und die Dokumentation übrig – inhaltlich jedoch allein die Idee, die nur in der Erinnerung weiter existiert.

■ KULTUR-MIX

Gerade mit der Erinnerung geht auch der junge Münchner Künstler Stefan Eberstadt um, wenn er für seine bewegliche, auf Video aufgezeichnete Installation „culture scooter" von 1988, Hüllen anfertigt, deren äußere Form (selbstredend stark verkleinert) die Umrisse berühmter Bauwerke aufgreift. Auch in diesen hüllenden Verpackungen verbergen sich selbstverständlich nicht die Architekturen! Doch haben sie dadurch einen entscheidenden Vorteil, denn während die echten Gebäude natürlich unverrückbar sind, können diese Hüllen, angetrieben durch einen kleinen Motor im Inneren, fahren. Ohne Steuerung, also nach dem Zufallsprinzip, finden sich diese ehrwürdigen Architekturen zusammen oder prallen gar aufeinander, wie Autoscooter auf dem Jahrmarkt. Was nur in Gedanken, oder aber über Bild und Film möglich ist, das passiert hier auf einer anderen, aber dennoch materiellen Ebene: da trifft sich plötzlich – und nur für Sekunden – der Eifelturm mit der Pyramide von Gizeh, der schiefe Turm von Pisa mit dem Empire State Building oder ein Tempel der Akropolis mit der Towerbridge. Eberstadt macht hier den Kultur-Mix zum Thema, der sich durch Reiseandenken, Postkarten, Fotos oder Filmen ergibt, die rührige Touristen von ihren Reisen mit nach Hause nehmen. Im Gegensatz zu diesen Hüllen, die „nichts" verhüllen, gibt es nun auch richtige Verhüllungen von Architekturen, nämlich die weltweit bekannten „Wrappings" von Christo.

■ ROBE

Diese berühmtesten Verpackungen stammen von den in New York lebenden Künstlern Christo und Jeanne-Claude, die zahllo-

Bewegliche Installation „culture scooter" von Stefan Eberstadt, 1988

VERPACKUNG ALS KUNST

se Verpackungen und Verhüllungen geplant und ausgeführt haben. Bezog sich schon das früheste Projekt, „Packaging of a Public Building", auf die Verpackung eines öffentlichen Gebäudes, so auch das derzeit spektakulärste: die Verhüllung des Deutschen Reichstages in Berlin. Laut Ankündigung wird das auch das letzte Projekt dieser Art in ihrem Werk sein. Bereits 1971 begannen Christo und Jeanne-Claude mit ihren Arbeiten zum „Wrapped Reichstag", deren Ausführung bisher nie genehmigt worden war und bis jetzt – man will es kaum glauben – noch heftig umstritten ist. Was unter anderen Vorzeichen vor 23 Jahren begann, hat heute in gewisser Weise seine Bestätigung erfahren, was dem Projekt jedoch keinerlei Abbruch tut. Für den gebürtigen Bulgaren, der 1957 aus dem Osten geflohen war, hat der Reichstag eine besondere Bedeutung als symbolischer Ort der Begegnung von Ost und West, von Vergangenheit und Zukunft, der Demokratie im allgemeinen. Um diese Würde des ehemaligen und wieder zukünftigen Parlamentes der Deutschen hervorzuheben, soll der Reichstag in eine Robe aus silberglänzendem Stoff gehüllt werden, unter deren „Gewandtfalten" sich seine Umrißform elegant abzeichnet. Die stoffreiche Drapperie, die in den Gemälden oder Skulpturen der Geschichte vielfach als Würdeformel eingesetzt wurde, ordnet das Gebäude zusätzlich auf eine besondere Weise in die Kunstgeschichte ein. Wie alle Verpackungen oder Verhüllungen Christos, die ausschließlich aus dem Erlös der verkauften Vorstudien, Zeichnungen und Collagen finanziert werden, wird der Reichstag nur temporär verhüllt sein – geplant ist ein Zeitraum von 14 Tagen, unmittelbar vor den Vorbereitungen für den Bundestag-Umzug und die werden 1995 beginnen; wann genau, darüber ist noch nicht entschieden.

Gemäß den heutigen Vorstellungen einer umwelfreundlichen Packung wird der Stoff aus einem recyclebaren Material sein, dessen Wiedereinsatz bereits geplant ist. Doch dieses größte „Paket", das je geschnürt wurde, ist auch am schwierigsten zu verpacken, obwohl es nicht einmal zum Transport vorgesehen ist! Mit den Maschinen, die heute die Verpackung fast vollständig übernommen haben, ist hier natürlich nichts anzufangen. Der Reichstag muß nach traditioneller Art in Handarbeit verhüllt werden. Doch während es in der Vergangenheit „Packerinnen" waren, die Päckchen füllten und schnürten, muß die Fülle der Hülle für den Reichstag von besonderen Spezialisten bewältigt werden: von professionellen Konstruktionsarbeitern und Profi-Bergsteigern!

Zeichnung zum Verhüllungsprojekt des Berliner Reichstages „Wrapped Reichstag" von Christo und Jeanne-Claude, 1993 (© Christo, photo credit)

INTERVIEW

INTERVIEW MIT HERRN DR. FLORIAN HUFNAGL, LEITER DER NEUEN SAMMLUNG, STAATLICHES MUSEUM FÜR ANGEWANDTE KUNST, MÜNCHEN

D.E.: *Herr Dr. Hufnagl, Sie leiten eine der weltweit größten Sammlungen für angewandte Kunst und Industrial Design, die nur noch mit dem Museum of Modern Art in New York vergleichbar ist. Dieses Sammlungsgebiet umfaßt auch Verpackungsdesign. Können Sie ungefähr sagen, welchen Umfang Ihre Verpackungssammlung einnimmt?*

Dr. Hufnagl: Das Sammlungsgebiet „Verpackung" hat einen relativ großen Umfang. 1991 konnte insgesamt eine Stückzahl von nahezu 3000 Exemplaren verzeichnet werden. In diese Abteilung gehört bei uns auch Gebrauchsglas, eine nicht gerade kleine Sammlung. Da Flaschen zur ältesten Verpackungsart gehören, gehen unsere Beispiele bis ins 18. Jahrhundert zurück. Schließlich umfaßt dieser Bereich auch die Verpackungen innerhalb von Corporate Identities. Dazu haben wir dann auch beispielsweise die entsprechenden Plakate. Man denke an Firmen wie Josef Feinhals in Köln, an Manoli oder Pelikan (Günter Wagner); in der zweiten Jahrhunderthälfte an Firmen wie IBM oder Jil Sander. Das historische Bewußtsein für die Entwicklung des Verpackungsdesigns ist ja naturgemäß noch nicht so alt – im Höchstfall ca. 70 Jahre.

D.E.: *Seit wann werden in der Neuen Sammlung Packungen gesammelt?*

Dr. Hufnagl: Es gibt einen kleinen alten Bestand aus der Gründungszeit des Museums (1925). Schon zu Beginn wurde allerdings nicht allgemein gesammelt, sondern ganz konzentriert nach Entwerfern. Dazu gehören Entwürfe von Professor Ehmcke, von dem wir auch Teile seines Nachlasses bekamen. Ganz konsequent wurde ab 1980 gesammelt. Dem Museum wurde eine komplette Privatsammlung von ungefähr 200 Packungen geschenkt, die wir dann weiter ausbauten. Schließlich kam auch die Glassammlung von Professor Leitherer (Mitautor unseres Ausstellungskataloges „Reiz und Hülle", 1987) hinzu, die einen Grundbestand von mehreren hundert Stück ausmachte und die ebenfalls von uns konsequent ergänzt wurde.

D.E.: *Gab oder gibt es dabei Einschränkungen, d.h., werden bestimmte Packungsbereiche nicht gesammelt, und gibt es Schwerpunkte?*

Dr. Hufnagl: Nun, es ist ja so, daß der Inhalt den Typus der Verpackung bestimmt: Wein, Bier, Parfüm, Puder etc.. Hier ergeben sich also zwangsweise Gruppierungen, die jedoch alle gleichrangig sind. Einen Schwerpunkt bildet bei uns allerdings die japanische Verpackung, die eigentlich ein gesondertes Sammlungsgebiet darstellt, aber dennoch in die Packungsabteilung gehört. Sie hat einen besonderen Umfang, der entsprechend den Verpackungen zwar klein, aber fein ist. Hier gibt es ja handgemachte, handbemalte und handbedruckte Verpackungen ebenso wie industriell gefertigte. Viele von ihnen bestehen aus Naturprodukten, also pflanzlichen Materialien, die besondere Konservierungsmethoden verlangen. Sie werden einzeln in Metallboxen bewahrt: Verpackungen für Packungen!

D. E.: *Nach welchen Kriterien werden die Verpackungen ausgewählt? Entsprechen sie denen der Verpackungswettbewerbe?*

Dr. Hufnagl: Nein. Diese Frage ist ganz kurz zu beantworten: wir sammeln Verpackungen nicht um der Verpackung willen, sondern eindeutig um ihrer Gestaltung willen.

D. E.: *Zeichnen sich in der Entwicklung des Verpackungsdesigns nachvollziehbare Tendenzen ab (z.B. Parallelen zu künstlerischen Stilen), oder ist es nicht eher so, daß sie von der Tendenz des Tendenzlosen bestimmt wird? Gab es diesbezüglich einen Wandel?*

Dr. Hufnagl: Hier muß man eine kleine Unterscheidung vornehmen. Vorwiegend im Luxusgüterbereich richten sich die Verpackungen nach bestimmten Stilen oder Gestaltungsprinzipien, beispielsweise der Wiener Werkstätten oder des Werkbundes. Manche greifen die Japanmode auf oder die Neue Sachlichkeit. Schließlich haben auch Künstler Packungen gestaltet, wie Josef Emanuel Margold von den Wiener Werkstätten oder der Glas- und Schmuckkünstler René Lalique.

Nach dem Zweiten Weltkrieg ändert sich das ganz entscheidend. Das hängt zum einen von den neuen Verkaufsmethoden ab, die entsprechend neue Gestaltungen verlangen; zum anderen von der Entwicklung des Berufszweiges Design. Seither stehen ganz allgemein die Kriterien des Grafikdesign im Vordergrund: Die Kennzeichnung des Inhaltes, das Firmenzeichen und die Produktmarke. Eine einzige und kurze Ausnahme gab es um 1968, als die American Pop-art auch in Einzelfällen spürbar wurde.

D. E.: *Kann man Tendenzen für die Zukunft absehen, z.B. ökologische Maßnahmen, oder letzten Endes den völligen Verzicht auf Verpackungen?*

Dr. Hufnagl: Der Weg führt ganz eindeutig zur Ökoverpackung, aber verpackt werden muß immer, allein schon aus Transportgründen. Jedoch wird die Recyclefähigkeit der Verpackung im Vordergrund stehen. Denken Sie an Milch oder Joghurt, die heute wieder in Gläser abgefüllt werden. Das ist natürlich vernünftig, weil sie wiederverwertbar sind. Aber beim Transport geht viel mehr Platz verloren, und auch das kostet Energie. Solange der Transport preiswerter ist als die in die Höhe gehenden Kosten der Wiederaufbereitung von Pappbehältern, wird das auch noch so bleiben.

D. E.: *Woher bezieht eine Staatliche Sammlung ihre Verpackungen? Haben Sie die gleichen Quellen wie die Privatsammler und könnten Sie welche empfehlen, oder wollen Sie diese lieber verschweigen?*

Dr. Hufnagl: Nun, ein Staatsmuseum verschweigt nichts! Wir kaufen natürlich teil-

INTERVIEW

weise ganze Sammlungen von Privatleuten auf, manchmal bekommen wir auch Nachlässe. Dann gibt es den spezialisierten Kunsthandel und vor allem die Flohmärkte, besonders die in Ballungsgebieten, die kontinuierlich besucht werden. Da muß man natürlich mindestens so früh aufstehen wie die Händler!

D. E.: *Muß ein Sammlungsleiter zugleich auch privater Sammler sein? Oder allgemeiner: läßt er sich auch als privater Konsument beim alltäglichen Einkauf von einer qualitätvollen Verpackung (bewußt) beeinflussen?*

Dr. Hufnagl: Natürlich ignoriere ich eine gute Verpackung nicht. Wer möchte sich schon mit „visueller Umweltverschmutzung" umgeben? Das heißt aber nicht, daß der berufsmäßige Sammler zugleich auch Privatsammler ist. Er kann – und muß! – ja seine Sammelleidenschaft für das Haus austoben und damit ist sie dann auch gestillt.

D. E.: *Haben Sie als Sammlungsleiter oder als Privatmann einen „Favoriten"?*

Dr. Hufnagl: Ja, das sind unbedingt die japanischen Verpackungen, die Naturverpackungen, besonders die von Makio Araki. Im europäischen Bereich schätze ich vor allem die Puderdosen des Art déco. In der zweiten Jahrhunderthälfte ist das schwieriger, weil die Entwerfer oft wechseln. Aber hervorheben würde ich hier die Peter Schmidt Studios mit Jil Sander.

D. E.: *Herr Dr. Hufnagl, ich danke Ihnen für das Gespräch.*

HUNDERT FRAGEN

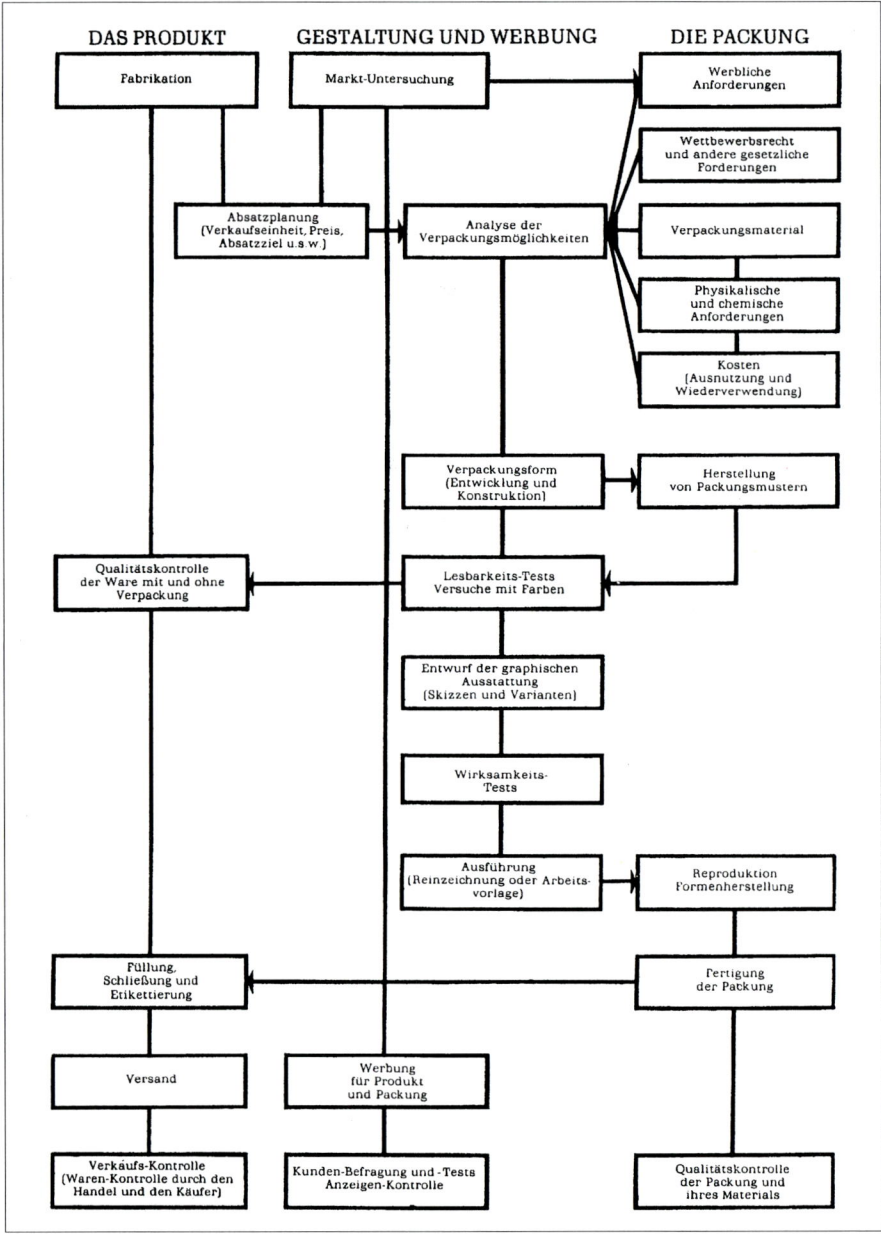

Schematische Darstellung des Produktionsablaufes einer Verpackung; abgedruckt in: F.H. Wills: Das Auge kauft mit. Werkbuch für werbewirksame Packungsgestaltung, Essen 1960

HUNDERT FRAGEN
BEI DER VERPACKUNGSENTSTEHUNG

Diese Liste von hundert Punkten wurde für den Verpackungsentwerfer als „Checkliste" zusammengestellt und in der Modern Packaging Encyclopedia 1946-47, Packaging Catalog Corporation, New York 1946 veröffentlicht (übersetzter Wiederabdruck in Graphis Packaging. Ein internationales Handbuch der Packungsgestaltung. Hrsg. v. Walter Herdeg. Zürich, Graphis Press 1959). Sie wird hier unter leichten Umformulierungen wiedergegeben und soll dem Verpackungssammler die Kriterien aufzeigen, die hinter der Entscheidung für die eine oder andere Verpackungsgestaltung stehen.

WIE IST DIE PHYSISCHE FORM DES FÜLLGUTS?

1. Pulverförmig, körnig, fest, dickflüssig (ölig oder fett), flüssig, gasförmig?

WELCHER SCHUTZ IST NOTWENDIG?

2. Schutz vor Wasserdampf:
a) bei der Fabrikation, b) im Verbrauch, c) im Verkauf?
3. Könnte die Ware bei der Produktion oder Lagerung unter Einwirkungen leiden wie: Licht, Temperatur, Bakterien, Schimmel, Rost, Insekten, Nagetieren?
4. Sind die Verschlüsse dem Verpackungsschutz angemessen?
5. Muß die Packung wiederverschließbar sein oder wird sie nur einmalig geöffnet?
6. Wie vertragen sich die Materialien von Füllgut und Packung – kann es zu chemischen Reaktionen kommen?
7. Schützt die Verpackung die Ware bezüglich: Aroma, Geschmack, Farbe, Form?
8. Schützt die Verpackung vor äußeren Einwirkungen wie: fremde Gerüche, Oxydation oder sonstigen chemischen Reaktionen?

WELCHE EIGNUNG HAT DIE STRUKTUR ODER FORM DER VERPACKUNG?

9. Ist die Stärke des Materials dem Verwendungszweck angemessen?
10. Eignet sie sich zu rationeller Herstellung: bezüglich der Größe, Form und grafischen Gestaltung?
11. Ist das Material der Verpackung dem Verbraucher vertraut, oder muß es erst (werbend) eingeführt werden?
12. Hält die Verpackung bei der maschinellen Herstellung hohen Geschwindigkeiten stand?
13. Verträgt sie extreme Temperaturen (z.B. Gefrieren)?
14. Ist sie robust genug für Transport oder wechselnde Lagerung?
15. Eignet sich die Verpackungsstruktur gegebenenfalls für die Vakuumisierung?
16. Eignen sich Verpackung und Inhalt zur Sterilisierung?

WIE VERHÄLT ES SICH MIT DER LIEFERUNG VON VERPACKUNGSMATERIAL?

17. Ist eine regelmäßige Lieferung gewährleistet?
18. Wie sind die Liefertermine?
19. Sind die Preise schwankend?
20. Sind die Preise angemessen?
21. Wurden Konkurrenzangebote geprüft?

HUNDERT FRAGEN

WELCHE MASCHINEN SIND BEI DER HERSTELLUNG ERFORDERLICH?

22. Sind die vorhandenen Maschinen des Warenherstellers ausreichend für die Form, Abfüllungsmethode oder die Art der Verschließung?
23. Was ist gegebenenfalls effektiver: die Form der Verpackung zu ändern oder neue Maschinen einzusetzen?
24. Ermöglicht die Änderung der Verpackungsform eine Rationalisierung durch neue Maschinen: bezüglich Geschwindigkeit oder Leistungsfähigkeit?
25. Gibt es gegebenenfalls Möglichkeiten für Code-Aufdrucke?

WELCHES PERSONAL IST ERFORDERLICH?

26. Handelt es sich um Standardproduktionen oder muß das Personal eine besondere Schulung haben?
27. Zieht die Verpackung in der Herstellung besondere Schwierigkeiten nach sich bezüglich Bruch oder Kontrolle?
28. Eignet sich die Verpackung für eine voll-, halbautomatische oder handwerkliche Herstellung?

WELCHE EIGNUNG HAT DIE KONSTRUKTION?

29. Eignet sich die Verpackungskonstruktion für die Geschwindigkeit von Packmaschinen und Fließbändern?
30. Erfüllt die Verschlußart die Anforderungen des Produktes, der Produktion und des Verbrauchers?
31. Sind die Packungsöffnungen den Einfüllvorrichtungen angepaßt?
32. Gibt es gegebenenfalls Platz für Etikettierung?
33. Kann die Konstruktion den Stoßwiderständen maschineller Bearbeitung standhalten?
34. Ist sie für Lagerung und Versand geeignet?

WAS IST VOR DEM EIGENTLICHEN EINSATZ DER VERPACKUNG ZU BEACHTEN?

35. Sind zur Herstellung der Verpackungen neue Maschinen erforderlich?
36. Wie geeignet sind die noch leeren Packungen für Transport und Lagerung?
37. Besteht die Packung aus Einzelelementen und wie leicht sind diese zusammenzusetzen?
38. Kann die leere Packung schon in den gleichen Speditionskisten geliefert werden, die auch nach der Abfüllung für den Transport eingesetzt werden?
39. Hat die Verpackung das richtige Gewicht oder Volumen für die Umverpackung oder Transportkiste?

WELCHE ASPEKTE SPIELEN FÜR DEN VERSAND EINE ROLLE?

40. Gewährleistet die Packung gegebenenfalls die traditonelle Versandart für die entsprechenden Güter?
41. Wie geeignet ist die Einzelpackung für die Abpackung in Transportkisten?

HUNDERT FRAGEN

WELCHE VORZÜGE BIETET DIE PACKUNG IM HANDEL?

42. Sind Größe und Form für den Groß- oder Zwischen- oder Einzelhandel geeignet?
43. Wird die Packung den Anforderungen von Lieferung, Lagerung, Ausstellung und Verkauf gerecht?

ERFÜLLT DIE PACKUNG DIE BEDÜRFNISSE DES VERBRAUCHERS?

44. Hat die Einzelpackung eine angemessene Größe?
45. Soll sie dem Käufer eine Möglichkeit zur Begutachtung des Inahltes vor dem Kauf bieten?
46. Kann sie für diesen Fall leicht geöffnet und wieder verschlossen werden?
47. Kann eine besondere Entnahmemöglichkeit geboten werden?
48. Gewährleistet die Packung eine dosierte Entnahme?
49. Ist für die Wegwerfpackung besonderes zu berücksichtigen?
50. Kann eine Mehrwegpackung angeboten werden?
51. Entspricht die Packung den Bedürfnissen des Verbrauchers bezüglich Griffigkeit und Entnahme?
52. Sind Größe und Form der Packung für die Aufbewahrung im Privathaushalt geeignet, z.B. im Kühlschrank, Küchen- oder Spreisekammerregal oder Badezimmerschrank etc.?

WELCHE WIRTSCHAFTLICHEN ERWÄGUNGEN SIND NÖTIG?

53. Ist der für die Verpackung nötige Materialeinsatz gering genug?
54. Entspricht die Verpackung dem üblichen wirtschaftlichen Standard bezüglich Herstellung, Einsatz und Verbrauch?
55. Ist das Preis-Leistungsverhältnis angemessen bezüglich Verpackungskosten, Absatzmöglichkeit und Warenkategorie?
56. Ist eine geringe Ausschußgarantie im Preis inbegriffen?
57. Bietet die Verpackung einen angemessen klagenfreien Warenschutz?
58. Kann eine Veränderung der Verpackung bezüglich Gewicht, Größe und Struktur den Versand billiger machen?
59. Macht die „Billigkeit" oder „Kostbarkeit" den gewünschten Eindruck auf den Verkäufer?

WELCHER ART IST DAS VERPACKTE PRODUKT?

60. Ist es ein neues Produkt?
61. Welche und wieviele Verwendungszwecke hat es?
62. Welche Qualität hat es im Vergleich mit Konkurrenzprodukten?
63. Welche besonderen Verkaufseigenschaften und Vorteile hat es?

WIE SIEHT DER ABSATZMARKT AUS?

64. Welche Kunden werden angesprochen bezüglich Alter, Geschlecht, Einkommen, sozialem oder kulturellem Ni-

HUNDERT FRAGEN

veau? Ist das Produkt gedacht für den lokalen, nationalen oder internationalen Markt?

65. Welche Verkaufsbedingungen herrschen:
a) Groß- oder Einzelhandel, unabhängige Läden, Ketten, Selbstbedienungsläden, Supermärkte; b) Postversand; c) Hausverkauf?

WELCHE VERKAUFSGEWOHNHEITEN HABEN DIE HÄNDLER?

66. Kauft der Händler auf Lagerung oder in kleineren Einheiten?

WELCHE PRÄSENTATIONSFORMEN STEHEN ZUR VERFÜGUNG?

67. Werden die Produkte in Regalen, auf dem Ladentisch oder im Schaufenster gezeigt?
68. Eignen sich Form und Größe der Packungen für Massenpräsentationen?
69. Welchen Reiz hat die einzelne Packung?
70. Aus welcher Perspektive (Höhe) wird die Packung betrachtet?
71. Wird die Ware gesondert im Einzelhandel angepriesen?
72. Gibt es weitere werbliche Unterstützung für das Produkt?

WELCHE GRÖSSE IST ANGEMESSEN?

73. Richtet sich die Packungsgröße nach den Möglichkeiten im Laden und den Gewohnheiten der Käufer?
74. Kann eine Größenkorrektur der Packung auf die Bedürfnisse der Kunden, auf den Verbrauch oder die Einkaufsmenge einwirken.

WIE KANN MIT DER KONKURRENZ UMGEGANGEN WERDEN?

75. Wurden Vergleiche mit Konkurrenzprodukten angestellt?
76. Wurde die Packung mit den Konkurrenzpackungen verglichen, bezüglich Material, Größe, Form, Farbe, grafischer Gestaltung oder bestimmter Eigenschaften?
77. Sollen die Packungen denen der Konkurrenz ähnlich sein oder sich völlig von ihnen unterscheiden, aus der Sicht: des Herstellers, des Händlers oder des Kunden?

IST DIE PACKUNG AUSREICHEND GEKENNZEICHNET?

78. Sind alle Kennzeichen adäquat hervorgehoben?
79. Bietet die Gestaltung einen geeigneten Platz für die Marke?
80. Ist der Markenname deutlich hervorgehoben?
81. Ist der Firmenname deutlich hervorgehoben?
82. Ist die Produktbezeichnung deutlich hervorgehoben?
83. Soll die Packungsgestaltung dem Firmenstil entsprechen [heute: Corporate Identity]?

84. Vermittelt die Packung in angemessener Weise die jeweilige Qualitätsklasse des Produktes bzw. den qualitativen Ruf der Firma?

WIE IST DIE INFORMATIONSLEISTUNG DER VERPACKUNG?

85. Sind die vorschriftsmäßigen Informationen übersichtlich angebracht?
86. Ist die Gebrauchsanweisung gut leserlich und leicht verständlich?
87. Könnte die Gebrauchsanweisung verbessert werden: klarer, kürzer, besser formuliert?
88. Ist die Gestaltung anlockend oder belehrend?
89. Sollte die Packung ein für den Händler verfügbares Preisschild tragen?

WIE WIRD AUFMERKSAMKEIT ERREGT?

90. Sind Farbe und Zeichnung ansprechend; dem Produkt, dem Händler oder dem Kundenkreis angemessen; von den Konkurrenzpackungen deutlich unterschieden?
91. Aus welcher Perspektive soll die Packung wirken: von weitem, von nahem, auf dem Ladentisch, im Regal oder Schaufenster; im Heimvertrieb?
92. Ist ein Text vorgesehen, der die Packung zum „stummen Verkäufer" macht?
93. Wurde eine durchsichtige Packung in Erwägung gezogen?
94. Ist die Packung gut wiederzuerkennen?
95. Ist die Packung ein zureichender „stummer Verkäufer", oder müssen weitere Werbemethoden hinzugezogen werden?

ÜBERLEGUNGEN FÜR DEN ENTWERFER

96. Haben Sie sich um die Mitarbeit bei den verschiedenen Abteilungen beworben: Produktentwicklung, Marktforschung, Einkauf, Produktion, Rechtsabteilung, Verkauf, Werbung, Atelier?
97. Wurden die möglichen Widersprüche geprüft zwischen: Größe, Gestaltung und Struktur der Packung?
98. Sind alle Einzelheiten festgelegt: Farbe, Größe, Konstruktion und Bezugsquellen?

ÜBERLEGUNGEN ÜBER DEN AUFTRAG

99. Kennen Sie die Einstellung der Verkäufer?
100. Kann eine ausreichende Nachfrage für Produkt und Packung bewirkt werden?

VERPACKUNGSWETTBEWERBE

Eine Liste von Verpackungswettbewerben der 40er und 50er Jahre befindet sich in: Graphis Packaging. Ein Internationales Handbuch der Packungsgestaltung. Hrgs. v. Walter Herdeg, Zürich, Graphis Press 1959. Eine Erweiterung in: Packaging 4, 1984. Für ausführliche Informationen ist vor allem letztere Publikation zu Rate zu ziehen.

LÄNDER-WETTBEWERBE

„Deutscher Verpackungswettbewerb" – Jährlicher Wettbewerb seit 1963 (seit 1975 nur noch alle drei Jahre), veranstaltet von der Rationalisierungs-Gemeinschaft Verpackung (Eschborn).

„Österreichischer Verpackungswettbewerb" – Jährlicher Wettbewerb seit 1957, gemeinschaftlich veranstaltet vom Österreichischen Institut für Verpackungswesen und dem Bundesministerium für Handel Gewerbe und Industrie (Wien).

„Oscars Belges de l'Emballage" – Jährlicher Wettbewerb seit 1956, veranstaltet vom Institut Belge de l'Emballage (Brüssel).

„Oscar de l'Emballage" – Jährlich Wettbewerb seit 1955, veranstaltet vom Institut Franais de l'Emballage et du Conditionnement (Paris).

„Starpacks" – Jährlicher Wettbewerb seit 1960, veranstaltet vom Institute of Packaging (Stanmore, Middleessex). Teilnahmeberechtigt sind britische Packungsdesigner.

INTERNATIONALE WETTBEWERBE

„Schwarzkopf Award" – Wettbewerbe seit 1992 alle zwei Jahre, veranstaltet von Schwarzkopf in Zusammenarbeit mit dem Darmstädter Institut für Neue Technische Form. Er bezieht sich nur auf ökologische Verpackungen und Konzepte im Bereich der Haarkosmetik. Teilnahmeberechtigt sind Designer und Studenten, die nicht länger als 2 Jahre im Beruf stehen und unter 35 Jahre sind.

„Eurostar" – Jährliche Wettbewerbe seit 1958, veranstaltet von der European Packaging Federation (Helsinki). Teilnahmeberechtigt sind Gewinner nationaler Wettbewerbe.

„North Star" – Jährliche Wettbewerbe für den Amerikanischen Raum, veranstaltet von der North American Packaging Federation.

„Asiastar" – Wettbewerbe alle zwei Jahre, veranstaltet von der Asian Packaging Federation, der Packungsorganisationen in Australien (Packaging Council of Australia), Honkong, Indien, Japan, Korea, den Philippinen und Thailand angehören.

„Worldstar" – Wettbewerbe seit 1970, veranstaltet von der World Packaging Organisation. Teilnahmeberechtigt sind Gewinner internationaler Wettbewerbe, wie „Eurostar", „North Star" oder „Asiastar".

LITERATUR

ZEITSCHRIFTEN JAHRBÜCHER

- **ADC** (Jahrbücher u.a.): 25 Jahre Art Directors Club für Deutschland. Hg.v. Art Directors Club für Deutschland, Düsseldorf 1989
- **Grafik Design + Technik** (vormals: Graphik). München, Verlag Photo Design + Technik
- **Graphis-Jahrbücher**, Hg. v. Waler Herdeg, Graphis Press, Zürich: Packaging 2. Ein internationales Handbuch der Packungsgestaltung, 1959; Packaging 3, 1977; Packaging 4, 1984
- **Linea Grafica**. Rivista Bimestrale di grafica e communicazione. Milano, Azzurra Editrice Srl.
- **Novum** (vorm.: Gebrauchs Graphik). Internationale Monatszeitschrift für Kommunikationsdesign. München, Verlag F. Bruckmann KG
- **Omnibook 3**. Art Directors, Art Editors, Illustratori, Packaging Designers e Fotigrafi Italiani. Hg.v. Daniele Baroni u.a., Udine 1987
- **Packaging Design 3**. The Best of American and International Packaging Design. Hd.v. ID Magazin (Christa Gabetti u.a.), New York 1987
- **Schweizerische Packungsprämierung**. Hg. u. durchgeführt von der Vereinigung Schweizerisches Verpackungsinstitut. (20./1977, 21./1979, 22./1981, 23./1983)

AUSSTELLUNGSKATALOGE

- **Die Warenpackung**. Ihre Entwicklung – Ihre Gestaltung. Gewerbemuseum Basel, 29.9. – 10.11.1940
- **The Package**. The Museum of Modern Art New York, 9.9. – 1.11.1959
- **LGA** – Ausstellung Verpackung 65. Ausstellung internationaler Packungsgestaltung. Landesgewerbeamt Württemberg, Stuttgart 1965
- **Die Schöne Hülle**. Zur Geschichte und Ästhetik der Verpackung. Städtisches Museum Göttingen, 24.10.19 – 9.1.1983.
- **Reiz und Hülle** Die Neue Sammlung, Staatliches Museum für angewandte Kunst, München
- **Alte & Neue Verpackungen**. 6 Sonderausstellung. Museum für angewandte Kunst, Ferbersches Haus, Gera 12.9.- 30.11.1986
- **Reiz und Hülle**. Gestaltete Warenverpackungen des 19. und 20. Jahrhd. Von Eugen Leitherer, Hans Wichmann. Basel 1987. Neue Sammlung, Staatl. Museum f. angew. Kunst, München 22.9. – 22.11.1987.
- **Design: Vignelli New York**. Die Neue Sammlung, Staatliches Museum für angewandte Kunst, München Januar-April 1992
- **Schwarzkopf Award 1992**. Wettbewerb für umweltfreundliches Design und Kommunikation. Hg. v. Hans Schwarzkopf GmbH, Hamburg 1992
- **Gut gekauft. Gern gekauft.** Werbung und Verpackung in der DDR. Museum für angewandte Kunst im Ferberschen Haus, Gera, 1991/92
- **Schmerz danach**. Drogeriewerbung in der DDR. Deutsches Hygienemuseum, Dresden 1992

LITERATUR

BILDBÄNDE, BÜCHER, ARTIKEL

Behrendt, Frank u. Manfred Schöne: Alle mögen's weiß. Schätze aus der Henkel-Plakatwerbung. Hg. v. Henkel KGaA, Düsseldorf o.J. (ca. 1988)

Bertsch, Georg u. Ernst Hedler: SED – schönes Einheitsdesign, Köln 1990

Binder, Harald: Werbung. Verpackung. Design. Fakten und Materialien, Stuttgart 1977

Davis, Alec: Package and Print, London 1967

Feiter, Wolfgang: 80 Jahre Persil. Produkt- und Werbegeschichte. (= Schriften des Werksarchivs der Henkel KGaA, Düsseldorf 1987

Fürst, Reinmar: Verpackung gelobt, getadelt – unentbehrlich! Ein Jahrhundert Verpackungsgeschichte, Düsseldorf 1973

Haug, Wolfgang Fritz: Kritik der Warenästhetik, Frankfurt/M. 1980

Heger, Hans: Lamy – Formen des Erfolgs. 20 Jahre Lamy Design 1966-1986. Hg. v. C. Josef Lamy GmbH, Heidelberg 1986

Heyn, Wolfgang: Gedanken zur Verpackung und zur Verpackungsgestaltung. In: Journal für Marktforschung, Heft 37 (1972), S.5-15

Hillenbrecht, Rudolf: Hermann Bahlsen. Hg. v. H. Bahlsens Keksfabrik KG, Hannover 1969; Hundert Jahre Beiersdorf 1882-1982. Hg. v. Beiersdorf AG, Hamburg 1982

Ders.: Zur Geschichte der Verpackung. In: Journal für Marktforschung, Heft 32 (1970), S.40-52

Hoffmann, Johannes (Hg.): Erster Deutscher Verpackungskatalog, Berlin/München 1950 (S.25-30)

Kaltenbach, Horst G.: Die Rolle von Produkt und Verpackung in der Marktkommunikation, Essen 1975

Katsu Kimura: Art Deco Package Collection, o.O. (Japan) 1985

Koppelmann, Udo: Grundlagen der Verpackungsgestaltung. Ein Beitrag zur marketingorientierten Produktforschung, Herne 1971

Nils, Dorén: Die Zigarettenpackung im Laufe der Reemtsma-Firmengeschichte, Hamburg 1975

Pirokowski, Hans: Der Wert der Warenpackung. In: Gebrauchsgraphik 4.Jg., Heft 4 (1927), S.3-8

Publicità in Italia. Werbung in Iatlien. Editrice L'Ufficio Moderno, Milano 1982

Siegmund, Christian W.: European Packaging Designers 2. Edition Marktsegmente, Moisburg 1983

Steiner, Julius: Wie in einer englischen Reklame-Agentur gearbeitet wird. In: Gebrauchsgraphik (Mitteilungen des Bundes Deutscher Gebrauchsgraphiker e.V.) 4.Jg., Heft 4 (1927), S.77ff

Stoecker, Robert G.: Verpackungswerbung. In: K. Chr. Behrens (Hg.): Handbuch der Werbung. Wiesbaden 1970, S.613-626

Tafelmaier, M.u.W.: Die dreidimensionale Verführung. Reklame auf alten Blechdosen. Dortmund 1982 (= Die bibliophilen Taschenbücher 311)

Wills, Franz Hermann: Das Auge kauft mit. Werkbuch für werbewirksame Packungsgestaltung, Essen 1960.

ADRESSEN

■ H. Bahlsens Keksfabrik KG
Podbielskistraße 289
30655 Hannover

■ Studio Gianni Bortolotti & C.s.a.s.
Via Santo Stefano, 59
I - 40125 Bologna

■ Chermayeff & Geismar Associates
830 Third Avenue
USA - New York, NY 10022

■ Ciba-Geigy Corporation
556 Morris Avenue
USA - Summit, NJ 07901

■ Henkel KGaA
Henkelstraße 67
40589 Düsseldorf

■ Carl Kühne KG
Schützenstraße 38
22761 Hamburg

■ C. Josef Lamy GmbH
Grenzhöfer Weg 32
69123 Heidelberg

■ Mendel & Oberer Graphic Design
Widenmayerstraße 12
80538 München

■ Hans Schwarzkopf GmbH
Hohenzollernring 127-129
22763 Hamburg

■ Wella AG
Berliner Allee 65
64274 Darmstadt

BILDNACHWEIS

Das Plakat, 9.Jg. W 5/6, 1918; 9/1920 : S. 28-31, 48-49, 61. Deutsches Buch- und Schriftenmuseum der Deutschen Bücherei Leipzig, Graphische Sammlung, 1910/536: S.11. Germanisches Nationalmuseum, Nürnberg: S. 10,11. Sammlung von zur Westen: S.12, 13. Die Neue Sammlung, Staatliches Museum für angewandte Kunst, München: S.14, 16, 23, 30, 32, 35, 36, 56, 58, 95. Karl Kühne KG, Hamburg: S. 18. Vogue (New York, 1928-30): S. 19, 33, 35-40, 58. Museum Bellerive, Zürich: S.20, 21, 23, 24, 52. Jahrbuch des Deutschen Werkbundes 1913: S. 22. H. Bahlsens Keksfabrik KG, Hannover: S. 24-27. H.F.& Ph.F. Reemtsma GmbH & Co., Hamburg: S. 29, 32, 33. Filmschachtelsammlung Gerd Koshofer, Bergisch Gladbach: S. 40,41. Bayerische Staatsbibliothek, München: S. 40. Beiersdorf AG, Hamburg S.42-45. Henkel KGaA, Düsseldorf: S. 46-48, 50. Wirtschaft und Werbung Verlagsgesellschaft mbH, Essen: S. 51,52, 98. Hans Schwarzkopf GmbH, Hamburg: S. 53, 54, 67, 88, 89, 90. K. Lamble: S.56. W.M. de Majo/ F.H.K. Henrion: S.61. Bev Whitehead/ Michael Peters: S. 80. Marilyn Katz Creative Consultant: S. 80. Avon: S. 56. Ciba-Geigy Corporation, Summit N.J.: S. 55, 60, 79. Chermayeff & Geismar, New York: S. 62, 78. Studio Gianni Bortolotti & C.s.a.s., Bologna: S. 6, 63. Mendell & Oberer, München: S. 63, 76, 77. C.Josef Lamy GmbH, Heidelberg: S. 64, 65. Peter Schmidt Design, Hamburg : S. 66, 67. Museum für angewandte Kunst im Ferberschen Haus, Gera : S. 69, 70, 71, 72. Vignelli Associates Designers, New York: S. 73, 74, 75. Wella AG, Darmstadt: S. 82, 83 und Buchumschlag. Peter Windet, London: S. 84, 85. Stefan Eberstadt, München: S. 93. Jeanne-Claude and Christo, New York: S. 94 – photo credit. © VG Bild - Kunst, Bonn 1994: S. 25.

REGISTER

Agfa 40, 41, 69
Alessi 81
Appert, François 16
Araki, Makio 97
Arts-and-Crafts 22, 25
Art déco 34, 36, 97
Art Directors Club f. Deutschland 66, 87, 105
Art Directors Club of New York 66
Art nouveau 22, 85
Asiastar 104
Ata 48
Avon 56
Baekeland, Leo Hendrik ... 37
Bahlsen 24, 26, 48
Bakelit 37
Bauhaus 34
Baur, Ruedi 86, 87
Behrens, Peter 25, 26, 30
Beiersdorf 42, 44, 46, 49
Bergmann 29, 31
Bernhard, Lucian 30, 31
Beuys, Josef 92
Blechdose 7, 19, 20, 21
Boncilla 36
Borg, Nicolai 25
Bortolotti, Gianni 6, 63
Bulgaria 32
Campbell's 19
Cavalcanti, Anna Luisa De Sa 89, 90
Chemayeff & Geismar 62, 78
Christo 93, 94
Ciba 60
Cito 42
Constantin 32
Corporate Identity 8, 30, 31, 32, 48, 64, 66, 74, 75, 87, 95, 102
Coty 35
Cruel, Jörg 89, 90
Dana 35, 36

Daynerich, Michael 11
DDR-Verpackungen 69, 72
Deffke, Wilhelm 32
Delta 32
Deutscher Werkbund 23, 25, 26, 28, 30, 34, 96
Dior, Christian 56
Display 61, 63, 64, 65, 66
Dix, Otto 34
Domizlaff, Hans 32
Eberstadt, Stefan 93
Edar, Kin 29
Ehmcke, Fritz Hellmut 29, 30
Einheitsdesign 69, 70, 71, 72
Endlospackungen 62
Etiketten 10, 11, 12, 13, 15, 17, 18, 19, 25, 53, 61,
Etzold, Erich 33
European Packaging Federation 65
Eurostar 65, 104
Evans, Jon 90
Faß 9
Feinhals; Josef 29, 30, 95
Firmensignet 29, 33, 36, 53
Folgeman, J. K. 60
Fuji 41
Futurismus 34
Geschenkdosen 27
Geyger, Ruprecht 46
Gipkens, Julius 28, 34, 40
Glaser, Milton 62
Grossberg, Eva 27
Gründer Punkt 86
Haack, L. 61, 62
Hadank, O.H.W. 31, 32
Hansaplast 43, 44
Henkel 42, 46, 47, 49, 50
Henko 46
Henrion, F.H.K. 61

REGISTER

Historismus	28
Houbigant	35
Hufnagl, Florian	95, 96
IBM	95
Ilford	41
Imi	48
Institut für Neue Technische Form	87
Jandel, Ernst	76
Jasmatzi	32
Jeanne-Claude	93, 94
Jugendstil	22, 23, 25, 34,
Jung, Eva	87
Kaden, Siegfried	92
Kaffee Hag	49
Kakaodosen	21
Katz, Marilyn	80
Keiller, James	14, 15, 16, 18, 85
Keksdosen	24
Kent, Seymour	56
Kippenberger, Martin	92
Kleenex	36
Kodak	41
Konkrete Poesie	76
Konserven	15, 16, 19, 20, 92
Korb	9
Kubismus	34
Kühne, C.E.W	16, 17, 18
Labello	44
Laferme	32
Lalique, René	35, 96
Lamy	64, 65
Leibniz, Gottfried Wilhelm	25
Leibniz-Keks	24, 25
Leitherer, Eugen	95
Leukoplas	42
Liebig, Justus von	16, 17, 18
Loewy, Raymond	58, 59, 73
Lyle, Steven Andrew	88, 89
Maggi, Julius	16, 17, 18
Majo, W. M. de	61
Manoli	29, 30, 31, 32, 48, 95
Margold, Ella	26, 27
Margold, Josef Emanuel	26, 27, 96
Markenartikel	7, 16, 17, 18, 24, 31, 43,
Markenname	17, 33, 36, 54, 71,
Marketing	23, 46
Marktforschung	52, 53
Marmaras, Jack	60
Marques Da Silveira, Luis Roberto	89, 90
Mendell & Oberer	63, 75, 76, 77, 78,
Merian	63
Mittag, Heinrich	24, 25, 27
Modern Packaging Encyclopedia	52, 99
Modern Style	22
Müller, Gerd A.	64
Mum	36
Murawsky, Alex	80
Neue Sachlichkeit	96
Neuerburg	29, 31, 32
Nivea	44, 45, 46, 49
North Star	104
Odol	17, 49
Ökologisches Bewußtsein	84, 90, 96
Orwo	41
Oscar de l'Emballage	104
Oscars Belges de l'Emballage	104
Package Designers Council	59
Packaging Catalog Corporation	52, 99
Paganucci, Bob	78
Patzelt, Peter-Christian	87
Pazaurek, Gustav E.	51
Pebeco	44
Pelikan	48, 49, 95
Persil	46, 47, 50
Poetter, Wilhelm	31
Point of Sale	61, 62, 63
Pond's	35, 36
Pop-art	62, 96

REGISTER

Postmoderne	82, 83, 84	Tesa	43, 44
Pressa	30	Textile Muster	55, 56
Ready-made	92	Tongefäße	9
Recycling	86, 96	Troplowitz, Oscar	42
Reemtsma	29, 32, 33	Tropon	22, 23
Reklamepackung	10, 18	Tube	39
Rossi, Aldo	81, 82	Twinings, R. & Co.Ltd.	21
Rottmann, Gerd	91	Typografie	77, 78
Rubinstein, Helena	35, 36	Unna, Paul Gerson	42
Sander, Jil	66, 67, 95, 97	Velde, Henry van dey	22, 23, 24, 26
Sarotti	28	Vierthaler, Ludwig	26, 27
Schaub, Jürg	60	Vignelli Associates Designers	73, 75, 105
Schmidt, Peter	66, 67, 80, 97	Vignelli, Massimo	73
Scholz & Friends	66	Voldenauer, Marc	87
Schutzmarke	25	Walter Paepcke Design Award	56/7, 62
Schwarzkopf	37, 67	Warhol, Andy	19, 92
Schwarzkopf Award	86, 88, 89, 90, 104, 105	Watt, James	14
Schweizerische Packungsprämierung	105	Wegwerfverpackung	58
Schwichtenberg, Martel	26, 27	Weiden, Stephan	87
Sies, Paul	11	Weise, Paul E.	39, 40
Smith, Dean	64	Wella	82
Sonderbund	30	Wettbewerbe	52, 57, 59, 60, 65, 87, 104
Sottsass Associati	81	Whitehead, Bev	79, 80
Starck, Philippe	80, 81	Whitley, William	64
Starpack	104	Wiener Werkstätten	34, 96
Steinzeug	14, 15	Winderlich, Windi	82, 83
Stollwerck	62	Windet, Peter	84
Stumme Verkäufer	7, 53, 54, 58, 62,	Wirtschaftswunder	52
Suchard	21	Worldstar	104
Suchodolski, S. von	40	Wrigley's	38, 39
Suprematismus	34	Yendize	32
Surol	18	Zigarettenpackung	12, 21, 29, 30, 31, 32, 33, 72
Tabakpackung	12, 13		
Teedose	21	Zigarrenverpackung	12